“面向现代服务产业中职学生核心素养培育体系标准化案例研发”丛书
大连市现代服务职业教育集团组编

XINLI JIANKANG JIAOYU

心理健康教育

冯莉　主编
石磊　崔宇　副主编

东北财经大学出版社
Dongbei University of Finance & Economics Press
大连

图书在版编目（CIP）数据

心理健康教育 / 冯莉主编．—大连：东北财经大学出版社，2024.3

（“面向现代服务产业中职学生核心素养培育体系标准化案例研发”丛书）

ISBN 978-7-5654-5077-8

Ⅰ.心… Ⅱ.冯… Ⅲ.心理健康-健康教育-教学研究-中等专业学校 Ⅳ.G444

中国国家版本馆CIP数据核字（2023）第255948号

东北财经大学出版社出版

（大连市黑石礁尖山街217号 邮政编码 116025）

网　　址：http://www.dufep.cn

读者信箱：dufep@dufe.edu.cn

大连天骄彩色印刷有限公司印刷　东北财经大学出版社发行

幅面尺寸：185mm×260mm　字数：149千字　印张：8.25

2024年3月第1版　2024年3月第1次印刷

责任编辑：周　欢　责任校对：刘贤恩

封面设计：原　皓　版式设计：原　皓

定价：28.00元

教学支持　售后服务　联系电话：（0411）84710309

如有印装质量问题，请联系营销部：（0411）84710711

大连市现代服务职业教育集团
“面向现代服务产业中职学生核心素养培育体系标准化案例研发”丛书

丛书序

近年来，大连市现代服务职业教育集团认真学习贯彻习近平总书记对职业教育工作的重要指示精神，深入落实全国教育工作会议的部署要求，坚持为党育人、为国育才，积极探索具有地方特色的新时代中职学校学生核心素养培育的新途径，努力培养更多高素质的技术技能型人才。

为了将“立德树人”的要求落到实处，充分发挥课程在人才培养中的核心作用，进一步提升综合育人水平，更好地促进中职学生全面发展、健康成长，大连市现代服务职业教育集团探索出了“项目引领、活动载体”的集团化办学运行机制，进行了“面向现代服务产业中职学生核心素养培育体系标准化案例研发”项目的开发研究及建设。这套“面向现代服务产业中职学生核心素养培育体系标准化案例研发”丛书就是该项目的研究成果之一，其中包括5～6个品种的教材。

自2022年5月1日起施行的《中华人民共和国职业教育法》，强调了职业教育是与普通教育具有同等重要地位的教育类型，从素质、能力和事业的角度，提出了提高劳动者素质的目标，突出了人的发展，为职业教育高质量发展保驾护航。这套丛书紧扣时代脉搏，选择了五大主题，注重学生的全面发展，关注学生的成长过程，夯实“五育并举”之基础，筑牢“立德树人”之基石。用爱国情怀固育人之“基”，用劳动教育树育人之“品”，用匠心精神铸育人之“魂”，用健康心理助育人之“防”，用品行教育立育人之“墙”，同时培养学生的创新创业意识。

这套丛书基于新修订并正式施行的《中华人民共和国职业教育法》确定的“培养高素质技术技能人才”的整体目标，重新审视职业教育在经济社会发展和促进人的全面发展中的功能和作用，体现了职业教育的特性和教育的共性，对中职学校将“立德树人”目标根植于核心素养培育过程，把提升学生的认知能力、合作能力、创新能力和职业能力融入“五育并举”之中，具有重要的参考价值和启发意义。

国家教育行政学院学术委员会主任、职业教育研究中心主任

2022年8月

PREFACE

前　言

2012年12月7日，教育部印发的《中小学心理健康教育指导纲要（2012年修订）》（教基一〔2012〕15号）中提出，心理健康教育的总目标是：提高全体学生的心理素质，培养他们积极乐观、健康向上的心理品质，充分开发他们的心理潜能，促进学生身心和谐可持续发展，为他们健康成长和幸福生活奠定基础。中职生正处在身心发展的重要时期。随着生理与心理的发育和发展、社会竞争压力的不断增大、社会阅历的扩展以及思维方式的变化，中职业在学习、生活、人际交往和自我意识等方面可能会产生各种各样的心理问题，因此，向她们开展心理健康教育就显得十分重要。

习近平总书记在党的二十大报告中提出要“重视心理健康和精神卫生”。大连市现代服务职业教育集团坚持以习近平新时代中国特色社会主义思想为指导，全面贯彻党的教育方针，落实全国教育工作会议精神，进行了面向现代服务产业中职学生核心素养培育体系标准化案例研发工作，本书是该项目的研究成果之一。

大连市经济贸易学校是大连市现代服务职业教育集团常务理事单位。长期以来，学校始终坚持立德树人，坚持培育和践行社会主义核心价值观，关注学生的心理健康，通过榜样的熏陶、知识的普及、活动的融入，指导学生进行情绪管理，培育健康的心理品质。

本教材由大连市经济贸易学校冯莉担任主编，石磊、崔宇担任副主编，大连市经济贸易学校冯俊梅、邵倩、潘明超、宋佳、杨玉梅、张晶、周彦、张冬冰、代博、王玉，大连市建设学校田晓峰等老师分别独立或合作完成相关章节的编写，石磊完成了全书的统稿。

本教材紧密结合职业教育特点，以团体心理活动及其相关理论与技术为指导，以班级为单位，有目的、有计划、有步骤地培养、训练和提高中职生的心理品质，帮助中职生解答成长中的心理困惑，维护其心理健康，培养其完善的人格，使其能真正做到“知行合一”。

本教材在编写过程中得到了大连市现代服务职业教育集团相关成员单位的大力支持以及有关领导、专家的指导，在此一并表示衷心的感谢。由于编者水平所限，本教材还存在不足之处，诚恳希望大家提出宝贵意见。

编　者

2023年11月

Contents

目录

第一章 环境适应篇 / 1

第一节 携手同做追梦人 / 3
第二节 和谐校园是我家 / 8
第三节 因尊重差异更幸福 / 13
第四节 管理情绪是沟通前提 / 19

第二章 沟通合作篇 / 25

第一节 巧言妙语助交往 / 27
第二节 走进倾听的世界 / 32
第三节 诚信架起彩虹桥 / 36
第四节 最好的交往之道 / 42

第三章 意志责任篇 / 47

第一节 认识全新的自我 / 49
第二节 心有宝藏待发掘 / 55
第三节 我心常为中国红 / 62
第四节 涓涓细流融为海 / 68

第四章 职场准备篇 / 77

第一节 我的角色我喜欢 / 79
第二节 求职就业好心态 / 85
第三节 职场适应有妙招 / 91
第四节 主动提升必成功 / 98

第五章 生命教育篇 / 107

第一节 探寻生命的意义 / 109
第二节 绽放生命的精彩 / 113

主要参考文献 / 119

Contents

第一章　环境适应篇

第一节　携手同做追梦人
第二节　和谐校园是我家
第三节　因尊重差异更幸福
第四节　管理情绪是沟通前提

第一章　环境适应篇

第一节

携手同做追梦人

马克思说："人生离不开友谊，但要得到真正的友谊才是不容易；友谊总需要忠诚去播种，用热情去浇灌，用原则去培养，用谅解去护理。"生活在友谊之中得到充实，有了朋友，生活更能显出它的全部价值。当然，要结识朋友，自己得先是个朋友——拥有真诚无私的心并值得信任。在本节中，你和你的朋友们要一起完成以下任务：

1. 通过提问猜出同学的名字，增进同学间的了解。
2. 通过游戏进行"真心话拷问"，同学间进行更深层次的了解。
3. 通过团队协作，共同努力寻找解决问题的办法。
4. 体会自己在团队协作中起到的作用。

案例导入

《史记》中记载了廉颇、蔺相如的故事。战国时，赵国宦者令缪贤的门客蔺相如受赵王的派遣，带着稀世珍宝和氏璧出使秦国。他凭着智慧与勇气，完璧归赵，得到赵王的赏识，被封为上大夫。后来，秦王又提出与赵王在渑池相会，想逼迫赵王屈服。蔺相如和廉颇将军力劝赵王出席，并设巧计，廉颇以勇猛善战给秦王以兵力上的压力，蔺相如凭三寸不烂之舌和对赵王的一片忠心使赵王免受屈辱，并安全回到赵国。赵王为了表彰蔺相如，就封他为上卿，比廉颇将军的官位还高。这下廉颇可不乐意了，他认为自己英勇善战，为赵国拼杀于前线，是第一大功臣，而蔺相如只凭一张嘴，居然官居自己之上。廉颇很是不服气，就决心要好好羞辱他一番。蔺相如听到这个消息，便处处回避与廉颇见面，到了上朝的日子，就称病不出。有一次，蔺相如有事出门遇到廉颇，廉颇就命令手下用各种办法堵住蔺相如的路，最后蔺相如只好命令回府。廉颇就更得意了，到处宣扬这件事。蔺相如的门客们听说了，纷纷提出要回家，蔺相如问为什么，他们说："我们为您做事，是因为敬仰您是个真正崇高的君子，可现在您居然对狂妄的廉颇忍气吞声，我们可受不了！"蔺相如听了，哈哈一笑，问道："你们说是秦王厉害还是廉颇将军厉害？我连秦王都不怕，又怎会怕廉颇呢？秦国现在不敢来侵犯，只是慑于我和廉将军一文一武保护着赵国，作为赵王的左膀右臂，我又怎能因私人的小小恩怨而不顾国家的江山社稷呢？”廉颇听说后，非常惭愧，便袒胸露背背着荆条向蔺相如请罪。从此，他们便成了同生死共患难的好朋友，齐心为国效力。

知识链接

中等职业学校的人才培养目标是培养德智体美劳全面发展的高素质劳动者和技能型人才。中职生不但要具有胜任未来岗位的知识和专业技能，而且要具有较高的职业素养，其中人际交往能力至关重要。

什么是人际交往能力？

人际交往能力是指是否具备善于与他人交往的能力。它是衡量一个人能否适应现代社会需求的标准之一。具备人际交往能力的人懂得各种场合的礼仪、礼节，善于待人接物、处理各类人际关系。我们平时要注意培养自己的良好性格、儒雅风度、学识修养，在社交活动中要热情、自信；注意仪表、举止得体；面带微笑，运用温和、幽默的语言处理事务。在日常社交活动中对领导、老师、同学和家人要表示关心和尊重。注意交往的技巧、方法，并努力使自己给对方留下良好的印象。

人际交往能力由以下六方面构成：

1. 人际感受能力。它是指对他人的感情、动机、需要、思想等内心活动和心理状态的感知能力，以及对自己言行影响他人程度的感受能力。

2. 人事记忆力。它是指记忆交往对象个体特征，以及交往情景、交往内容的能力。总之，它是记忆与交往对象及其交往活动相关的一切信息的能力。

3. 人际理解力。它是指理解他人的思想、感情与行为的能力。人际理解力重在理解他人的愿望或体会他人的感受，通过他人的语言、语态、动作等理解并分享他人的观点，抓住他人未表达的疑惑与情感，把握他人的需求，并采取恰如其分的语言帮助自己与他人表达情感。

4. 人际想象力。它是指从对方的地位、处境、立场思考问题，评价对方行为的能力。人际想象力重在设身处地为他人着想。

5. 风度和表达力。它是人际交往的外在表现。它是指与人交际的举止、做派、谈吐、风度，以及真挚、友善、富于感染力的情感表达的能力。它是具有较高人际交往能力的表现。

6. 合作能力与协调能力。它是人际交往能力的综合表现，是团队合作的必要能力。

新生进入学校后，都希望有丰富的人际交往，拥有令人感到友善、温暖、和谐的人际关系。然而，经过几个月的集体生活，有的同学人际关系和谐，精神振奋，而有的同学人际关系糟糕，心情非常郁闷，影响学习和生活。

从心理咨询情况和新生的日常生活中不难发现，导致人际关系不良的原因有很多：有的同学缺乏对人际交往的正确认知；有的同学是因为性格问题；有的同学则是因为人际交往经验技巧的不足等。

处在繁忙的学习生活当中，陌生的环境和需要新建立的人际关系无疑给新生增添了压力。那么，新生该怎样经营人际关系呢？

1. 人际相处忌撒谎。撒谎是被人所鄙夷的行为。一个爱说谎的人，不但为他人所不齿，也会受到自己心理上的惩罚。

2. 交往中不宜讲过多的恭维话。赞美，是人际关系的润滑剂，可以使人际关系融洽和谐，但必须恰到好处。人际交往中，过度地对他人恭维，会令人感到虚伪，不但降低自己的人格，而且得不到对方的认可，并不利于人际交往。实事求是、适当地赞美对方，可以制造一种热情友好、积极热烈的交往气氛。

3. 笑声能增进友谊。愉快的笑声不但有益健康，还能增进友谊，特别是交谈中的笑声能取得语言难以达到的效果。例如，与新同学交往时，大家彼此陌生，可能感到拘束，此时如能说句笑话，引起双方的笑声，使对方感到轻松而且亲切，拘束感就会顿消。

4. 用积极、肯定、支持、建设性的眼光，看待周围的人们，善于发现并赞美别人的优点，并愉快接受别人的批评和建议。当被触伤感情后，仍能心平气和地交往；触伤他人感情后，能及时向人道歉。当有人不同意你的观点、见解时，不必强迫他人接受或感到烦恼。自己有错时，要勇敢地承认自己的错误。在交谈时让别人把话讲完，再表达你的意见。别人讲话时留神倾听。

5. 沟通时要学会倾听。专注地倾听对方，不能三心二意、敷衍了事；在自己不感兴趣的话题中，找出有意义的东西；见机把对方的内容和自己的感受简要地讲出来；刚听时不要有先入为主之见，听完后再找出主题和要点。

另外，运用非语言形式来进行人际沟通也是提高人际交往技能的一种方式。有时候，一个眼神、一个手势、一个微笑就可以拉近人与人之间的距离。

总之，人际交往的技能多种多样，只有较好地综合运用，才能在人际交往的过程中收到良好的效果。

课堂活动

职业学校和初中不同，大多数同学来自不同的城市，有着不同的生活习惯，说着不同的方言，而且需要离开父母，独立学习和生活。此时，良好的人际关系、同学间的关心和帮助就更加重要，可以帮助新生更快地融入新环境。

也许你还有一些害羞，没有主动地了解和结交新同学，下面的小游戏让大家在轻松的气氛中了解彼此。

活动一 旁敲侧击

【活动目标】

通过游戏在班级中营造轻松的气氛，帮助同学之间增进了解。

【活动材料】

两个发卡、若干个卡片、马克笔。

【活动过程】

班级分成两队，每个队伍在每轮游戏中派出一名同学参加。两位同学面对面入座，头戴发卡，老师在卡片上提前写好班级同学的名字（也可以是其他与学校生活相关的词语），并分别夹在两名同学的发卡上。两位同学看不到自己发卡上的卡片，但是可以看到对方发卡上的卡片。两位同学按顺序进行提问，提问时不可以直接问出答案，需要旁敲侧击，回答的同学只能回答“是”或者“不是”，率先猜出卡片上面词语的同学获胜。

【活动总结】

通过问与答，同学们在欢乐的氛围中，彼此关注和了解班级同学。老师通过课前对学情的了解，在卡片上写词语时可以进行一定的设计，例如写上班级中特别内向的同学的名字，或者是某个同学的昵称，或者是某个同学的班级职务等。

活动二 职业台词接龙

【活动目标】

通过游戏在班级中营造轻松的气氛，帮助同学之间增进了解，同时也增强学生对部分职业的认知。

【活动材料】

格尺、笔或木棒等（用来敲出节奏）。

【活动过程】

班级分成两队，在教室前部横排摆放10把椅子，每个队各派出5名同学，两队交替而坐，在规定的节奏里，即兴回答老师说出的职业的专属台词（带动作和表情）。例如，“空姐”——“欢迎登机”、“服务员”——“可以点餐了吗?”，接不上或答错的同学就要接受其他同学的“真心话拷问”，最终回答错误少的队伍获胜。

"真心话"提示：

1.你人生中最得意（或最失意）的一件事？

2.你最喜欢学哪个学科？

3.如果现在能实现你的一个愿望，你希望是什么？

注意，提问的目的是了解对方或者引导或帮助对方思考一些问题，不要让被提问的同学感到尴尬和不被尊重。

【活动总结】

在游戏过程中，大脑在专注思考的时候，同学们会暂时忘记紧张和害羞。当同学们生动形象地说出某个职业的专属台词时，来自同伴们的鼓励会让大家都放松下来。即使游戏失败，受到"惩罚"，也是给自己和同学一个彼此了解的机会。

活动三 心有千千结

【活动目标】

在日常生活中，同学间可能会有一些小小的摩擦，有的同学在处理矛盾时悲观、被动，甚至选择逃避或冲动的方式来面对。实际上，心结的打开需要大家共同的努力，只要每个人都积极主动地解决问题，矛盾就会被化解，人际关系就会朝着好的方向发展。在集体互动时，感受团队中集体的力量以及体会自己积极参与其中的感受。

【活动材料】

活泼轻快的背景音乐。

【活动过程】

1.分组，每组成员手拉手围站成一个圆圈，记住自己左右手各相握的人。

2.在背景音乐中，大家放开手，随意走动，音乐一停，脚步即停。找到原来左右手相握的人分别握住。

3.小组中所有参与的手都彼此相握，形成了一个错综复杂的"千千结"。要求大家在手不松开的情况下，用各种方法，如跨、钻、套、转等（但手不能放开），将交错的"千千结"还原成一个大圆圈。

【活动总结】

这个活动需要所有人都积极参与。在大家共同的努力下，解开结的那一刹那，同学们会体会通过协作共同完成一件事的喜悦。之前看似复杂的"心结"，如果积极地想办法，加上一定的时间，问题终究会被解决。

思考与感悟

在新环境中，同学们会结识新的朋友，起初在人际交往中可能发生不适应、产生嫌隙、有冲突的情况。当同学们以良好的心态去面对问题、解决问题，并付出真心和包容时，同学们不但会获得友谊，更会在这个过程中变得成熟、豁达。

通过前面的学习，同学们已经对人际交往有了初步的认识，下面一起来完成下列练习，重新认识在人际交往中出现的问题。

1.回忆你的好朋友做的让你印象最深刻的一件事。

2.回忆你为你的好朋友做的一件让人印象最深刻的事。

3.入学以来，让你最开心的一件事。

4.入学以来，让你最不开心的一件事。

5.如果和同学有矛盾了，你会是先说“对不起”的那个人吗？

6.和好朋友意见不统一并发生争吵时，你会如何处理？

7.寝室的一个同学总是在值日中偷懒，你非常生气，会如何处理？

8.你的好朋友和别的同学结成了死党，你会嫉妒吗？

第二节

和谐校园是我家

心理学家认为，在适应新环境的过程中最重要的是了解新环境，接纳新环境，树立主人翁意识，使自己产生积极、肯定的情感体验。在本节中，需要大家一起完成以下任务：

1.了解校史、校训等，激发对学校的热爱。

2.分组介绍感兴趣的学校的区域，增加对学校的了解。

3.结合专业，创意DIY装饰班级。

4.共同参与制定班规。

案例导入

邓亚萍（原中国女子乒乓球队运动员）是奥运冠军、乒乓球世界大赛大满贯得主。而在求学路上，清华学士、诺丁汉大学硕士、剑桥博士，则是邓亚萍人生中完成的另一项“大满贯”。

1998年2月26日，邓亚萍怀着复杂的心情，飞向剑桥大学。对她来说，这自然是一次非常难得的机会，但却又是一个艰难的起步。

在开学上课的日子，全班一共9名同学，教室不大，9张课桌椅对着黑板，摆成半圆形。老师先让大家做自我介绍，接下来给每人发了两张讲义，就开始讲课。课堂上没什么严格的纪律，讲解方式也很随意，老师一边讲课，同学们一边七嘴八舌地抢着回答问题。邓亚萍在云山雾罩中上完了课。四五个星期过去了，但每天十五六个小时付出的收效并不大，她的英语水平提高得也不显著。作为一名插班生，她要赶上其他同学，困难太大，加上没有教材，每次只有上课才能拿到老师发的讲义，这种教学方法也很难让邓亚萍适应。

生活的环境也不尽如人意。到英国留学的留学生多数住在学校安排的英国人家里，邓亚萍也不例外。本想住在英国人家里，一来可以更多地了解英国的风俗民情，二来可以有更多的英语会话机会，但是邓亚萍所居住的这个女房东家距学校太远，而且房租、伙食费很高。每个月她除了要交200多英镑房租，还要交100多英镑饭费，两项合起来每月的支出折合人民币将近5 000元。对于自费到英国上学的邓亚萍来说，惜金和惜时同样重要。

刚到英国不久，邓亚萍想往家寄点钱，然而到邮局拿了单子，却不知如何填写。邮局的人在单子上指指点点，她却一脸茫然、两眼发呆，心想："我能怎么办？问谁去？问了也听不懂。"最后，只好悻悻而归。开学前，为了让邓亚萍熟悉一下环境，房东开车送她去学校转了一圈。第二天人家不送了，邓亚萍虽然买了辆自行车，却找不到上学的路了，七拐八拐，赶到学校已经上课了。一向守时的邓亚萍成了迟到生。她急得嘣出几个单词解释，然而却解释不明白。那种滋味、那种窘迫，邓亚萍至今都忘不了！

邓亚萍就读的纽汉姆学院是隶属剑桥大学的一所小学院，类似于国内的语言进修学院。这里的学生以外国留学生为主，而邓亚萍是唯一来自中国内地的留学生。刚到剑桥的那段时间，邓亚萍虽然比较刻苦，效果却不明显。邓亚萍知道，这是因为她的语言基础还相当薄弱。要想在剑桥这个精英云集的学府里站得住、学得好，更需要全力以赴地去拼搏。做学问与体育训练一样，没有任何捷径可寻，更不会有天上掉馅饼的美事儿，一切靠自己去拼、去搏吧。为了赶功课，邓亚萍起早贪黑，每天只睡几小时。

开始的一两个月之内，邓亚萍根本听不懂老师在上面讲什么，她把老师所有写在黑板上的东西照抄一遍。回到家里以后，自己再翻字典。每天的生活比较单调，上课时间是4个半小时。下了课还有很多作业，吃饭对她来说好像都很浪费时间。中午休息的时间只有1个小时，邓亚萍一般都不回宿舍，就是吃上午带去的三明治，然后看一会儿书。晚上经常吃的东西就是自己做的方便面加青菜、西红柿和鸡蛋。她几乎每天都要学习到晚上12点才能睡觉。

虽然基础比其他同学差，邓亚萍却总是不甘心，想超过别人。这种好胜的心理后来才慢慢开始转变：毕竟基础不同，从运动员到学生是一个非常大的转折，学习成绩的上升也要有个过程。

回到清华，邓亚萍的毕业论文题目是《国球的历史及发展》。从开题报告、到第一次提交论文以至论文的最终修订，邓亚萍不仅每一项都达到标准，而且步步提前，赶在时间表前完成。在毕业时，邓亚萍骄傲地说："我终于戴上了学士帽，在毕业典礼上，我用流利的英语向老师致辞。"

知识链接

1948年，世界卫生组织对健康做出了权威的阐述：健康并非仅仅没有疾病和身体不虚弱，而是一种个体在身体上、精神上和社会适应能力上都良好的状态。具体而言，健康的内容包括三个方面：一是指身体发育情况，主要指生理疾病或缺陷，身体各部分的机能正常；二是指心理发育状态，主要指是否有心理疾病，是否有持续的、积极的心理发展；三则强调了社会适应能力，包括个体掌握生活技能的情况，是否有生活目标，能否服从社会生活规范，能否顺利融入社会群体，能否承担社会角色并适应社会生活。

心理学范畴上谈到适应，通常有三个角度：

一是生活环境上的适应，即个体根据所处生活环境的变化而改变应对方式，使自己生活更舒适的过程。

二是心理环境上的适应，也是最重要、最核心的内容，是指面对变化，调动自己的心理防御机制，使各种心理机制恢复平衡，改善不适应状态的过程。

三是社会人际环境的适应，这是对个体来说影响极大的部分，面对新的人际关系、人际环境，如何处理并使之能帮助自己顺利发展的过程。

课堂活动

来到了新的学校，有些同学总是有些不太适应，觉得还是老家好，或者还是原来学校好，对于新的环境有些茫然，有些顾虑和不适应。有的同学第一次住宿舍，不习惯集体生活；有的同学没有老乡，担心和新同学相处不好；有的同学对于因家离得远，周末不能回家而感到郁闷；有的同学在初中学习不好，担心自己在中专也跟不上学业。

当你第一次来到新校园时，你感到适应吗？如果有一些不适应，是什么原因呢？你有没有想采取一些积极的办法来使自己尽快适应呢？

活动一　我是XX学校宣讲员

【活动目标】

了解和熟悉有关自己学校的知识，比如校史、校况、学校文化、学校环境等，提高今后在学校生活的能力和增强对学校的认同感。

【活动材料】

大白纸、彩笔、剪刀。

【活动过程】

1.介绍学校的校史、学校文化等。

例如：我校建于哪一年？

我校的校长室、教务处、学生处、阅览室、校医室分别在哪儿？

我校的校训是什么？

2.分组后，设计自己理想的校园环境。在大白纸上画出平面简图，用不同的颜色将校园按功能分区，包含能展现学校文化内涵建设的、包含细节的、有创意的设计，细节处可附上简单的文字描述。组内的每个同学负责介绍不同区域的具体位置和功能以及设计中的创新点。

3.每个小组轮流介绍完毕后，组内进行讨论，为最喜欢的“设计亮点”投票。

4.课后，将本课中的“最佳设计”且符合校况的可行性设计方案整理成文本材料，投递到“意见征集箱”或“校长信箱”。

讨论提示：

1.设计中是否能够体现正确的人生观、价值观以及爱国主义情怀？

2.设计中是否具有职业学校的特色，或者专业特色？

3.设计中是否渗透了学校的文化内涵？

4.设计中是否具有节能、环保的意识？

【活动总结】

从心理学角度看，个人对社会的适应分为两种方式：主动适应和被动适应。学校环境需要悉心维护和主动建设。学生通过对学校全面的、深度的了解，并主动参与到学校的各项活动中，则会缩短适应期，更快地融入新环境中，适应中职生的角色。因为这是以积极主动的心态去适应新的环境。

在小组讨论结束后，我们可以再进一步地问问自己：

1.关于《中等职业学校学生公约》的内容，你已经了解吗？

2.学校中有许多外地同学，如果你是本地人，你会如何帮助他们呢？如果你也来自他乡，对于陌生的城市，你会如何让自己尽快熟悉新环境呢？

热爱源于了解。适应新环境首先要了解新环境。校园环境包括物质环境和精神环境。在对学校进行导览介绍时，可以对学校的自然环境、硬件环境一目了然；在对校史、校训进行宣讲时，可以自然而然地融入学校的文化环境中；对学校每一个角落的用心设计，则是把学校当成家一样装在心中。

活动二 班级是我家

家是温暖的港湾，是我们感到温馨安全的地方。在家里的客厅，我们也许会摆上一盆绿植，给整个房间带来勃勃生机；在餐厅的餐桌上，我们也许会放上一个用废旧杂志DIY的小垃圾盒，用来收纳厨余垃圾；在书房的写字台前，我们也许会贴上自我激励的小纸条，抬头就能看到自己定制的目标……那么，我们的教室呢？你打算如何装点我们的第二个“家”呢？为了让我们的家更美好，大家一起来讨论吧！

【活动目标】

用头脑风暴的方法集思广益，提出美化班级环境、体现专业特色的合理性建议，并共同制定或补充班级规则。

【活动材料】

A4纸若干张。

【活动过程】

1.分组后，通过头脑风暴在组内讨论如何美化班级环境、体现专业特色的合理化建议，把这些好点子记录下来，然后在班级内讨论。

2.发给每组一张A4纸，小组成员通过讨论后，在A4纸上写出至少5条班级公约。每个小组逐个朗读，全体同学共同讨论其合理性，最后达成一致。

讨论提示：

1.我们的班训是什么？我们班级的口号是什么？

2.班级里需不需要一个图书角？如何管理？

3.我们可否自己动手制作一些班级装饰品？

4.遵守或不遵守班规的奖惩措施是什么呢？

【活动总结】

在美国华尔街上，流传着一句名言：三流的公司靠老板，二流的公司靠人才，一流的公司靠团队。把这个道理映射到班级管理上，那就是三流的班级靠班主任，二流的班级靠班干部，而一流的班级靠团队，也就是班级中的每一个人都在为班级添砖加瓦，都在自我管理且为整个团队服务。班级是大家的，当个人目标与班级目标一致时，每名同学对班级就会具有强烈的责任心、使命感，每个人便会拥有与班级同荣辱、共始终的价值追求。

思考与感悟

在陌生的环境中，每个人都会经历或多或少的紧张和不适应。有的人能够把环境的变化当作一种对自我的挑战和历练，迅速地适应周围的人和新环境；而有的人则把自己停留在过去，不勇于尝试改变。从初中升入中职学校，是我们人生中的新阶段，在这里，我们不仅学习文化知识，还学习岗位技能，我们要去掉稚气，学会成熟，为未来成为技能技术型人才乃至大国工匠而努力。学校和班级是我们成长和发展的平台，在这里有指引我们成长的老师和团结友爱的同学，大家将共同在新的环境里去体验美好的中职生活。所以，作为大家庭的新成员，请你爱护和关心你的第二个“家”！

通过前面的学习，同学们已经对学校和班级有了初步的认识，我们一起来完成下列练习，重新认识一下我们所处的新环境。

1.我最喜欢的校园一角是（　　）。____________________

2.我最赞同的一条校规是（　　）。____________________

3.我最想加入的社团是（　　）。____________________

4.周末我最喜欢去的地方是（　　）。____________________

5.入学以来，我第一次被表扬是因为（　　）。____________________

6.我能够胜任的班级干部是（　　）。____________________

7.用三个形容词形容你的班级（　　）。____________________

8.用一个词形容你在班级中的角色（　　）。____________________

第三节

因尊重差异更幸福

尊重是用真诚的微笑面对他人；尊重是用心倾听他人说话；尊重是看到他人的付出和努力。尊重他人与自己的相同之处很容易，尊重他人与自己的不同之处是很难的。我们每一个人都是独一无二的，对于一件事、一句话的理解都是通过自己的人生经历而思考的。在本节中，需要大家一起完成以下任务：

1.我的主要性格和行为特征是什么样的？

2.我性格上的显著特点是什么？

3.如何尊重差异、调动创意？

4.如何接纳别人、求同存异？

案例导入

卓别林在一次巡回表演时通过朋友认识了一个对他仰慕已久的观众。卓别林和对方很谈得来，也成了朋友。

在表演结束之后，这个新朋友请卓别林到家里做客。在用餐前，这位身为棒球迷的朋友带着卓别林观看了自己收藏的各种各样和棒球有关的东西，并且兴致勃勃地谈论棒球比赛。

新朋友对棒球爱到了痴迷的境界，打开话匣子之后就收不住了，滔滔不绝地和卓别林谈起了棒球运动。从对方谈起棒球开始，卓别林的话就少了很多，大多数的时候都是朋友在讲，他则微笑注视着对方并认真地倾听着。

朋友说到高兴的地方，两只手兴奋夸张地比画了起来，他说起自己亲自体验到的一场精彩比赛时，仿佛已经置身于万人瞩目、激动人心的棒球场上了，完全沉浸在了对那场比赛的回味之中。

卓别林仍旧微笑地看着对方，偶尔插上几句，让朋友更详细地介绍当时的场景。朋友越说越兴奋，只是对一直没能得到那场比赛里明星人物的签名有些失落。不过，这种沮丧的情绪很快就被他对那场比赛的兴奋所冲淡了。

那天中午，沉浸在兴奋之中的朋友说得兴起，差点把午饭都忘记了，直到他夫人让他快点带客人来吃饭的时候，他才不好意思地笑着拉起卓别林来到了餐桌前。

那天的午餐时光，大家的兴致都非常高，尤其是卓别林和这位新朋友，彼此之间相谈甚欢。

不久之后，这次巡回演出也告一段落。回到家里，卓别林通过各种关系费尽周折找到了朋友说起的那位棒球明星，请他在棒球帽上签了名。卓别林亲自把这个棒球帽寄给了远方那个对棒球极度痴迷的朋友。

卓别林的举动让他身边的人非常不解，因为大家都知道，喜欢安静的卓别林对棒球毫无兴趣，他们简直就无法想象一个对棒球丝毫不感兴趣的人只是为了朋友的一句话，就费了这么大的精力去要一个签名。

尤其是当大家知道了对棒球一无所知的卓别林居然和朋友聊了大半天的棒球比赛后，大家更加想不明白了，要知道，在那么长的时间里听朋友讲一个自己完全不感兴趣的事情，那种滋味儿可是非常难受的。

卓别林倒是很洒脱，告诉身边的人："我确实对棒球不感兴趣，可我的朋友对棒球感兴趣，只有尊重他人所尊重的事物，别人才能感受到自己被理解、被尊敬，这是一切友谊的基础。"

后来，当朋友听到了卓别林这段话之后，拿着他送来的棒球帽，感慨良久。两个人的友谊整整延续了一生。

很多年之后，已经白发苍苍的他说起这段往事，仍旧慨叹不已："我今生能够成为卓别林的朋友，是我最大的荣幸。是他让我明白了什么是真正的尊重和真正的友谊。他的人格光芒照亮了我的一生。"

相互尊重是有效沟通的前提，尊重别人包括对人的个性、身份、样貌、性别、年龄、兴趣爱好等方方面面的尊重。尊重是相互的，《诗经·大雅·抑》说："投我以桃，报之以李。"人与人之间的性格爱好各有差异，我们只有尊重差异、欣赏差异、接纳差异才能为自己广交朋友，且能拥有一生相随的朋友。

知识链接

孔子说“君子和而不同”，意思是说君子会在人际交往中和别人保持和谐，但在具体事情上不会寻求一致，不会把自己的意志强加于别人，会用尊重换取尊重。

马斯洛（著名的社会心理学家）提出了需求层次理论，把人的需求分成了五个层次。从需求层次结构的底部向上分别为：生理需求、安全需求、社交需求、尊重需求和自我实现需求（如图1-1所示）。

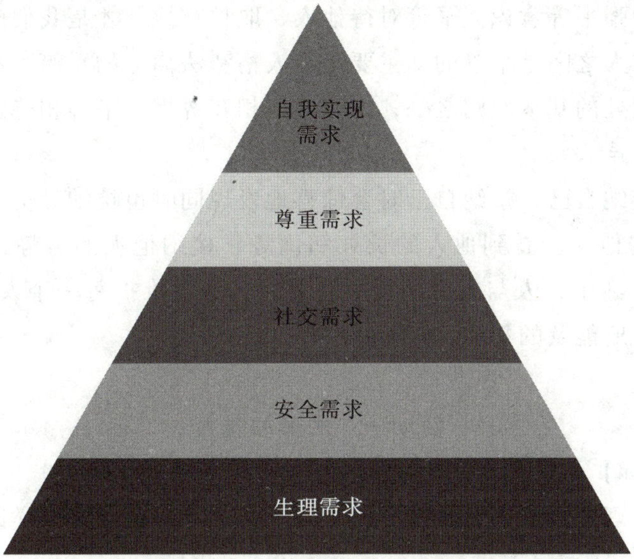

图1-1 马斯洛的需求层次理论

哈佛大学曾做过一个调查，连续用了几十年的时间跟踪了几千位学生，最后结果是人际关系和人的幸福息息相关，人际关系好的同学，人生满意度更高。尊重差异是拥有良好人际关系的前提。这个世界是多元的，地域、种族、性别、原生家庭、成长经历等各不相同，造就了我们每一个人都有各自不同的认识和见解。对于同样的一件事，每个人的理解是不同的，因为我们通过眼睛看到的事物会传递到大脑中，而我们每一个人的大脑是不一样的。我们的想法和感受都是不一样的，所以我们共同经历一件事后所做的决定也各不相同。

这没有原则上的对与错，所有的生命都是有个体差异的，每个人都是独特的。

1.差异产生的原因

我们的世界是丰富多彩的，每一个人都有自己的个体特点。人的生活习惯、人生观、价值观存在差异；人的容貌、身体和家庭生长环境存在差异；民族、语言、地域等都存在差异。这些差异都是影响和谐人际关系的因素。同学们大多是来自不同地区的，因成长环境不同，所以每个人看待同样一件事的角度就会有所差异，每个人都是按照自己的行为准则来判断一件事，双胞胎也时常争吵，更何况来自不同环境的同学们呢。

2. 尊重差异

人与人之间的相处需要相互尊重、平等待人、取长补短，制造友善而和谐的交际氛围。自己的某些优势，不是自傲的资本；自己的某些劣势，更不是自卑的理由。增强平等意识、平等对待他人、取长补短，才是我们应该采取的正确态度。人与人之间是平等的，主要是指人格和法律上的平等。尊重与平等是人与人之间相处的基本原则之一，人们应该相互尊重，平等相待。

3. 接纳差异

首先要接纳自己，接纳自己时会惊喜地发现同时也接纳了他人。

学习欣赏他人，看到他人的长处和优势，接纳他人的劣势，相互取长补短。在社会生活中，人与人之间要平等对待，自觉维护每一个人的合法权益，为大家提供力所能及的帮助。

课堂活动

活动一　图形的魅力

【活动目标】

帮助学生理解人与人之间性格的不同，在更了解自己和同学的同时欣赏每一个人的优势。

【活动材料】

大白纸、彩笔。

【活动过程】

1. 在黑板上画出正方形、长方形、圆形、三角形、曲线。

2. 让学生遵从内心的喜好，把5个图形按最喜欢到最不喜欢的顺序排序。

3. 待学生们都排好后，把最喜欢某一图形的同学分在一个小组。

4. 分组讨论。

请分别以小组为单位，在纸上写出最喜欢的这个图形的优势在哪里，劣势在哪里，为什么最喜欢这个图形，再给这个最喜欢的图形写一句有气势的口号。随后请每一小组的代表来表述一下并在大白纸上写下内容。

【活动总结】

最喜欢正方形者，热爱劳动，做事竭尽全力，有耐心，非常执着，不达目的不罢休，喜欢安于现状，不擅长改变，有时会抱怨。

最喜欢长方形者，善于随环境变化而做出改变，不甘于现状。他们有胆量，求知欲强，好钻研，对周围发生的一切都感兴趣，有时会出现选择困难，变化性强。

最喜欢三角形者，具有领导者的潜力，雄心勃勃，善于集中力量达到重要的目的。做事果断、专注，精力充足，以自我为中心，追求功名，讲究实用，有时会缺乏耐心。

最喜欢圆形者，善良、随和、稳重，喜友好相处，富有同情心，对别人的感受能做出积极的响应，有同理心，有说服力，做事犹豫不决，较为懒惰。

最喜欢曲线者，有创造力、表现力，喜欢协调各种不同的想法，诙谐、幽默，有美感，总能标新立异，有时会缺乏条理性、逻辑性。

在做这个活动时，有的图形可能有人选择，有的图形可能没有人选择。当出现图形没有人选择的情况时，可以请将这个图形排在第二的人合为一组来分析。

1.最喜欢的图形是什么？

2.为什么最喜欢它，它的优势在哪里？

3.它有什么劣势？

4.我们选择的图形的口号是：__________________。

活动二　找不同

【活动目标】

理解什么是差异，识别因差异带来的是不认同还是偏见。

【活动材料】

大白纸、彩笔、笔。

【活动过程】

给同学们2分钟时间来找寻自己与班上5位同学的相同之处和不同之处。从多个角度去思考，理由要各不相同，2分钟后请5名志愿者进行分享。

请问：同学们，我们在寻找人与人之间的相同点和不同点时，哪个更容易一些呢？在一个新的环境下，找同学做朋友会如何选择呢？有的时候，跟某人可能还没说过几句话，就有不想和其成为朋友的想法，这是因为有差异而无法接纳还是出现了偏见？

【活动总结】

通过这轮活动，我们感受到只要去认真寻找，人与人之间都会有相似之处，但似乎我们更容易看到人与人之间的不同。人们通常会找和自己相同之处比较多的人做朋友，因为共同语言更多，同样给予对方的同理心更多，也更能包容和接纳对方。对于和我们差异较大的人，人们通常直接就认定了不能和此人交为朋友，甚至是第一印象过后就会有这种想法、感受和决定。这些差异真的会影响我们成为朋友吗？还是我们对这些差异有一些偏见呢？

比如，女生认为男生好动爱捣乱、爱恶作剧、爱玩游戏，男生认为女生就是零食控，三个女人一台戏，整天不停地吃、不停地叽叽喳喳。带着贴上标签的偏见看同学，就会对同学产生排斥和反感。但是这些偏见都是不合理的，男生和女生之间虽然有差异，但是也有相同的地方，我们还是能求同存异的。

社会心理学指出，偏见根源于认识者的偏颇式心理，是一种不公平、不合理的消极否定的态度。偏见一旦产生又不及时纠正，扭曲后或可演变为歧视。罗森塔尔效应诠释了偏见的后果。课后大家可以再做研究。

简单地说，给某人贴上标签后，就会用这个标签去看待某人，对待某人也不会友好。

活动三　接纳差异的网

【活动目标】

让学生们知道接纳差异的方法有很多种。

【活动材料】

粗的彩虹毛线一大团。

【活动过程】

请学生们围成一个圆圈坐好，手握一端后将一团毛线抛给其中一个同学，并说出和这位同学之间的差异是什么，如何去接纳这个差异。告诉其要手握住毛线球的尾端，将毛线球抛给另一位同学，抛出去前请说一下和这位同学之间的差异是什么，如何去接纳这个差异。接受者抓住毛线球，这样就和抛线球的人形成一个彼此接纳的网，然后再把毛线球扔给其他人，并说出一个他之间的差异和接纳的方法。每个接到毛线球的同学用同样的方法传递下去，直到每个人手中都接到过毛线球，这样全班同学都通过一个毛线球联系在一起，形成了一个稳稳当当的网。

【活动总结】

这节课我们了解了人与人之间有相似也有差异，我们要深入地了解彼此，发现差异后先理解差异，消除偏见，接纳差异，要有同理心，真诚而友好地与他人相处，不能因差异而阻碍我们成为朋友。

思考与感悟

尊重，是脸上真诚的微笑；尊重，是在他人发表不同意见时的倾听；尊重，是为别人付出的努力而鼓掌。看上去，尊重好像只是奉献给身边的人。有句话叫“投我以木桃，报之以琼瑶”，意思是说别人送我木桃，我便用琼瑶作为回报，正所谓礼尚往来，你付出一分便会有一分的回报。所以你对他人的尊重会在他人心中留下美好的印象，随后他们也会如你所做般对待你。

尊重会让人心情愉悦，尊重可以改变陌生或尖锐的关系，若是有对彼此足够的尊重，矛盾都可以化解。

我们在进入中职学校之前经过各种文化环境的熏陶，人与人之间就会产生差异，在交往过程中就会产生矛盾。我们可以尝试着从现在开始，从我做起，因为每一个个体是矛盾的起源，也是矛盾的终结者。

第四节

管理情绪是沟通前提

十几岁的孩子们到了一个新的环境里，面对不同的人、不同的事，每一个人的情绪都是不同的，大多数会有紧张和不安，只有大家在安全和友好的班级里，才能情绪平和。在本节中，需要大家一起完成以下任务：

1. 识别多种多样的情绪。

2. 情绪的分类及负面情绪的觉察。

3. 如何舒缓负面情绪。

案例导入

据《三国演义》三国时期蜀汉名将张飞，勇武过人，与关羽并称为“万人敌”，但他脾气急、非常粗鲁、异常暴躁，有勇无谋。

当年张飞在巴郡被西川有“万夫不当之勇”之称的老将严颜阻挡。巴郡的城池坚固难以攻下，张飞多次挑战无效，只得暂时就地扎营。老将严颜知道张飞的粮草储量及他脾气暴躁且有鞭打士卒的毛病，便给张飞下了个套。欲让张飞一世英名毁在巴郡，他还给张飞做了一辆大号的囚车，以此想激怒张飞。

此时的张飞哈哈大笑过后，特别理智、冷静，开始积极思考，随之计上心来。张飞当众宣布：“今夜全军不攻打巴郡了，三更起程，我率军在前面开路，各营将士随后，粮草后行，绕过巴郡城继续前进，不可走漏消息!”

严颜收到消息后亲自带领着自己的军马埋伏在小路旁的树林里拦截张飞。半夜时分只见张飞手拿长矛，骑着马，毫无防备之意地走在队伍最前面。严颜放过了张飞和前队人马，冲出来截杀张飞的粮草车辆。正在这时只见真张飞手持长矛带领士兵杀上前来。严颜明白中计了，骑马走在最前面的是假张飞。几个回合下来，张飞就擒住了严颜。

知识链接

什么是前额叶皮质？面以同样的事情，为什么不同的人会有不同的认知和情绪呢？

人的大脑半球共有4个脑叶。在大脑最前部是额叶。在额叶后面的上部是顶叶，额叶后面的下部是颞叶，在脑最后部是枕叶。

大脑额叶包括前区、中区和后区，是一个重要的神经组织区域。前区就是前额叶，前额叶皮质功能与认知、情绪、疼痛和行为管理等相关，它是大脑中最重要的区域之一。

当人的前额叶皮质打开后，就失去了理智的思维，随之就会产生一些犀利的言语、冲动的行为。在班级里，当有同学的前额叶皮质打开时，我们需要如何做才能避免冲突的发生？

快乐、伤心、平静、兴奋、害怕等都是常见的情绪，我们每一个人都有自己的情绪。不同的情绪会带给我们不同的感受，情绪和感受都没有好坏之分，但可以是舒服的或不舒服的。任何情绪和感受都是可以被接纳的，但是由这些情绪和感受带来的行为并不是都可以被接受的。

下面介绍几种当自己出现过激的言语和冲动的行为时可以自我调节的方法。

1.转移并分散注意力法。当有心理压力时，可以先离开这个使自己有压力的环境，再转移注意力，做些让注意力分散到其他地方的事情。如果持续在有压力的环境下，心理的压力就会越来越大，因为注意力会持续关注压力点，最终可能情绪崩溃到无法自控，所以要立刻离开产生压力的环境并转移和分散注意力。心理学家说，离开、转移并分散注意力可以减压，待情绪平稳后再解决所遇到的问题。

2.独自内省法。独自内省可以让自己用理智的头脑去思考和面对问题，有利于舒缓身心。可以找个人比较少且非常安静和舒适的环境，需要注意的是在内省的整个过程都需要保持环境的安静，排除任何干扰，比如手机等。

3.运动排汗法。排汗运动可以让情绪逐渐好起来。从事快走、跑步、游泳等有氧运动，达到微微有点累或者出些汗水时，便可以缓解甚至是忘记压力。如果感到压力倍增到快撑不住时，可以加大运动量，增加运动时间。运动结束，身体感到有点疲惫时便可释放压力。

4.哈哈大笑法。加利福尼亚大学的诺曼教授在40多岁时患上了胶原病，这种病康复的可能性极小，只有1/500。他非常积极，没有放弃一丝希望，按照心理医生的吩咐，经常看能让他捧腹大笑的文娱节目，有的节目使他从心底觉得特别开心、快乐。他除了看有趣的节目，平时还有意识地和家人、朋友们开玩笑，这些幽默搞笑的事让他几乎忘却了病痛。他这样生活了一年左右，当医生再给他进行检查时，发现指标开始好转了。大约两年后，他身上的胶原病竟然自然消失了。

课堂活动

活动一 击鼓传花

【活动目标】

帮助识别情绪的方法有很多种，认识各种情绪和心情之间的联系。

【活动材料】

一束假花或一个可爱的玩偶等（可以当传递物即可）、大白纸、彩笔、情绪脸谱、一本和情绪有关的绘本。

【活动过程】

活动之前大家共读一本和情绪有关的绘本，在这个绘本中我们可以了解到人会有多种情绪，每一种情绪都会用不同颜色来表示。

共读绘本后，开始击鼓传花这个活动。教师提前准备一首特别欢快的音乐，播放过程中随时都可暂停。

全班同学围成一个大圆圈，其中一位学生手中拿好传递物，当音乐响起时开始顺时针依次传递，当音乐声停止时，拿到传递物的同学走到黑板前，在大白纸上用能表示出此时心中情绪的颜色的彩笔画出心中所想的形状，并在情绪脸谱中找出符合此时情绪的图片。当音乐再次响起时，传递物从刚才拿到的学生开始依次顺时针传递，当音乐暂停时，拿到传递物的学生到前面，选出能代表此时此刻情绪的颜色的彩笔，在大白纸上画出一个图形，并在情绪脸谱中找出符合此时情绪的图片。以次类推，直到大白纸上画满为止，停止这个活动。

提问：在击鼓传花的游戏中，你们有什么感受呢？感受通常是一个形容词，如果学生不能马上说出这个形容词，也可以说说接到传递物后身体的感觉，感受自己的思维、自己的情绪或者说说自己的感觉是正面的感受还是负面的感受。

当我们一起做游戏时，有的同学会感到很快乐，有的同学会感到紧张和不安，有的同学则会觉得无聊或不知所措。接下来让我们来认识一下各种不同的情绪。

让学生在情绪脸谱中找一个情绪，并试着说出来在遇到什么样的人、什么样的事情，处于什么样的环境中时，会出现选择的这个情绪，当这个情绪出现后自己会有什么样的行为。

【活动总结】

我们每一个人来到一个新的班集体，都会有些不适应，会产生各种各样的情绪。我们处于一个安全、幸福的班级，同学们有什么样的情绪都可以表达出来。若自己不是特别清楚产生的是哪种情绪，可对照情绪脸谱来查找。

活动二　管理情绪

【活动目标】

人类的情绪是错综复杂的，有时会开心，有时会悲伤。情绪没有好与坏的区别，每一种情绪都有其存在的合理性。

【活动材料】

准备一本和管理情绪有关的绘本、大白纸、彩笔。

【活动过程】

请大家思考并畅谈以下两个问题：

1.你和某人正在相处时，他当时的做法让你特别生气、特别愤怒到无法沟通和容忍时，你会怎么做？

2.如果你的朋友特别愤怒地和你说着某件事时，你会对他说些什么？

将同学们所说的内容全部记录到大白纸上。待大家探讨后，和学生们共读一本关于管理情绪的绘本，并共同探讨故事中的主人公在出现负面情绪时是怎么做的，还有没有其他可行的方法。

【活动总结】

当人在生气时，有时会口不择言，有时则会用伤害对方的方式去一决高下。此时有一个特别好的方法是冷静，当人的头脑处于冷静时，则会想出更多合理的方法来解决问题。如何冷静呢？当我们发现自身的情绪开始波动了，情绪开始往负面发展时，要快速离开这个地方，换一个能让自己平静下来且心情变得好一些的地方，直到自己可以换位思考时，再去解决问题。

思考与感悟

情绪是每个人都会有的，人生来就有情绪，人的情绪也有很多种，最常说的是喜、怒、哀、惊、恐等，也有骄傲、嫉妒、厌恶、担忧等。虽然我们无法改变天气，却可以改变心情；无法掌控别人，但可以管理好自己的情绪、调整好自己的情绪，诚实表达自己的情绪。如果控制不好自己的情绪，就会说出很多犀利的话语和做出冲动的行为，这样会激化矛盾，更不利于解决问题，还会恶化人际关系，影响学习和生活。处于积极的情绪中，我们可以理智地思考问题、解决问题、化解矛盾，成就自己。

每个人都是独一无二的，都会从自己的角度来观察周围的一切，随之会引发不同的情绪。管理好自己的情绪，并不是要压抑自己的情绪，而是在不伤害别人的基础上宣泄情绪。如果你希望周围人都是快乐的，你自己就必须有快乐的言行，而且你看到的一切也都是快乐的；当你的言行带有哀怨时，你所看到的周围的一切便会是怨声载道，久而久之你就呼吸不到清新的空气，更会引发焦虑、愤怒和抑郁等情绪及失控的行为举止。

俗话说："日出东海落西山，愁也一天，喜也一天。"换句话说，可以忧伤地过一天，也可开心快乐地过一天，我们为何不用发现美的眼光去看待周围的一切，减少甚至消除消极情绪呢？

第二章　沟通合作篇

第一节　巧言妙语助交往
第二节　走进倾听的世界
第三节　诚信架起彩虹桥
第四节　最好的交往之道

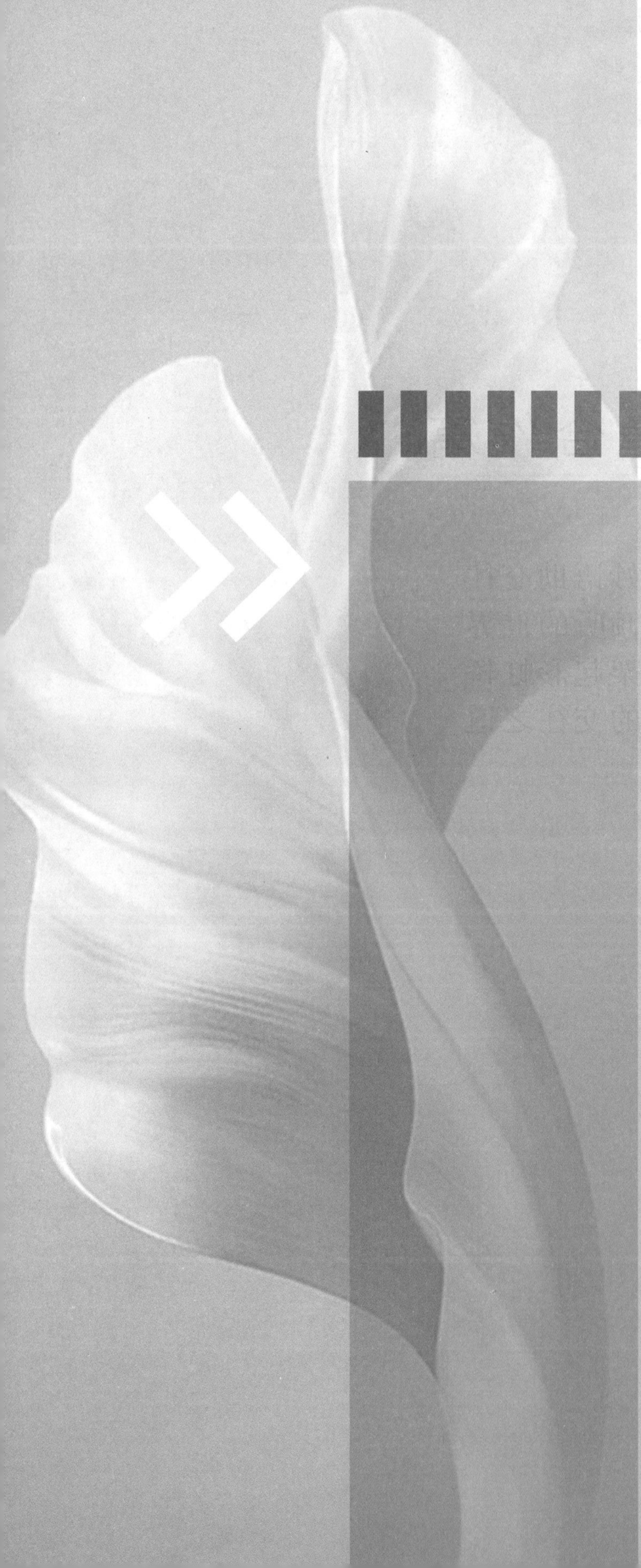

第二章　沟通合作篇

第一节

巧言妙语助交往

语言是人与人之间进行沟通交流的重要表达方式。掌握一定的语言使用技巧，对于自我表达之意能充分“入人心、入人耳”非常重要。会说，我们则可以利用语言蕴含的巨大能量来帮助我们解决诸多问题，让我们的工作“言”半功倍、游刃有余。情商高的人最突出的特点是说话会让他人更易接受。那么这是天生的吗？其实，从心理学角度讲，这一能力是可以后天培养的。在本节中，需要大家一起完成以下任务：

1.要敢于和他人（如父母、老师、同学等）说话。

2.要学会把话说透、说好，让他人听懂、听明白。

3.要让他人乐于与我进行语言沟通。

4.积极探索他们究竟会喜欢__________的我。

案例导入

周恩来总理是有名的语言大师，博学多智、能言善辩。

中华人民共和国成立初期，有的西方记者对中国持有偏见，总喜欢问刁钻、古怪的问题，以借机刁难周总理，可每一次都会被周总理巧妙机智地一一化解。

有外国记者问周恩来总理：“在中国，明明是人走的路，为什么要叫‘马路’呢?”周总理不假思索地答道：“因为我们走的是马克思主义道路。”

原本这位记者是想借这个问题来把中国人比为牛马，走牲口的路，但周恩来总理巧妙应对，以幽默风趣的语言形式把马路的“马”解释为马克思主义的“马”。

一次，美国代表团访华，一名随行官员当着周总理的面嘲讽说：“中国人很喜欢低着头走路，而我们美国人却总是抬着头走路。”而周总理则不慌不忙，面带微笑说：“这并不奇怪。那是中国人民正在努力攀登高峰，因为我们喜欢走上坡路嘛，而可惜我们的美国朋友在下山！看来你们喜欢走下坡路哦。”

周总理的回答，非常形象地描绘了美国人如流水低走，而我们中国人却步步登攀的景象，让美国官员搬起石头却砸到了自己的脚，尴尬不已。

还有一次，一位美国记者在采访周总理时，偶然间看见桌子上有一支美国制造的派克牌钢笔，这位记者就挖苦式地问："请问总理阁下，你们堂堂中国人，为什么还要用我们美国产的钢笔呢？"周总理听到后，笑答道："谈起这支钢笔，说来话长，这是一位朝鲜朋友的抗美战利品，作为礼物赠送给我的。我无功受禄，就拒收了。朝鲜朋友说，留下做个纪念吧。我觉得很有意义，就留下了这支贵国的钢笔。"美国记者一听，顿时便哑口无言。

1950年，周总理在中南海设宴招待外宾。这时上来一道汤菜，汤里多种蔬菜都被雕刻为不同的图案，然而，冬笋片在汤里一翻转，却巧合变成法西斯的标志，外宾见状顿时大惊失色，忙问周总理这是何意？周总理也觉得事情十分突然，但他立刻冷静下来，解释说："这不是法西斯的标志，这是我们中国传统中的一种图案，念'万'，是象征着福寿绵长的意思，是对客人的良好祝愿。"紧接着总理又幽默地说："就算是法西斯标志，也没有什么关系嘛，让我们大家一起来消灭法西斯，把它吃掉！"话音未落，宾主哈哈大笑，气氛更加热烈，这道汤也被大家喝得精光。

1965年11月，一位在抗日战争期间两次来华，多次报道中国共产党领导的革命斗争和抗战事迹的美国女记者在上海举行80岁生日宴会，周恩来总理在宴会上祝辞："今天我们要为我们的好朋友、美国女作家安娜·路易斯·斯特朗女士庆贺40'公岁'诞辰。"在座的来宾们听到"40公岁"这个词，既陌生，也感到奇怪。周恩来总理解释说："在中国，'公'字是紧跟它的量词的两倍，40公斤等于80斤。因此，40公岁，就等于80岁。"听完解释，大家无不大笑，斯特朗女士更是笑得开心。周恩来总理接着又说："40公岁，这不是老年，而是中年。斯特朗女士为中国人民和世界人民做了大量的工作，写了大量的文章，她的精神还很年轻。我们祝贺斯特朗女士继续为人民写出大量的文章，祝贺她永远年轻！"

周恩来总理作为一位时代的风流人物，在长期的对外交往中，以灵活的手段、巧妙的语言，尽显中华智慧，是中国杰出的人际交往艺术大师。

知识链接

社交沟通能力不仅包括对一种语言形式的理解和掌握，还包括以什么方式恰当使用语言及非语言形式进行交际的知识体系的理解和掌握。社交能力不是与生俱来的，而是通过后天习得的。有些人认为自己或他人不爱说话，性格特别内向，社交沟通能力就应该较差，一个人的性格虽然会对其社交能力产生影响，但其实认为内向的人或者不爱说话的人社交能力就较差，这样的理解是错误的。只要善用个性、得当处事，内向往往也会成为社交沟通的加分项。而无论什么样的人，语言的使用都是有技巧的，语言泛滥相比语言匮乏，反而更不容易获得他人好感。

沟通技巧之一：听的技巧——除了在社交沟通中要认真注意听别人说话外，我们还要学会注意观察对方的目光眼神、面部表情、肢体动作等各种非语言信息，以此来获取到大量丰富的信息。通过大脑进一步有效整合、加工、提炼，就会形成自己下一步沟通的语言源泉。

沟通技巧之二：问的技巧——社交中要建立良好的沟通，就要让谈话的对方对自己产生充分的信任，缩小距离感。我们在认真听的基础上要学会适当加以提问，让对方觉得自己对他的表达是关注的，这是建立信任的有效途径之一。

沟通技巧之三：说的技巧——首先要真诚，语言表达时要流露出真实的情感和诚恳的态度，不能含有虚假成分，不花言巧语或玩弄虚假语言；其次，要学会幽默语言的使用，适当在表达中运用幽默，既可以缩短双方的心理距离，同时也拉近情感距离；再者语言使用要简明，即简洁、易懂、利落。

语言表达要遵循适时原则。谈话双方对于话题理解、交谈结果等与场合均有直接联系，语言表达要顾及场合影响，要有意识巧妙利用场合效应。

语言表达要遵循适度原则。语言沟通中不仅要考虑自己，更多地要考虑对方，要学会掌控言谈得体度，根据双方的身份合理把握好分寸。

语言表达要遵循适人原则。要充分考量交谈对象，通过前期信息积累来迅速对其进行了解、分析，调整个人语言表达方式，因人而异，巧妙攻心。

语言表达要遵循适量原则。给予对方的信息量一定要保持适中，不要语言泛滥，要根据对方的信息接收程度及时调整个人语言信息量的输出，要坚持不多不少、恰到好处的原则。

课堂活动

无论是在校园里，还是校外生活中，你是否都会有关于这些问题的困惑：为什么自己跟有些人无法求同，始终格格不入；为什么和有些人能相处融洽，甚至是一见如故；为什么在班级里有些同学总喜欢侃侃而谈，而有的同学却始终沉默不语……

面对性格不同的亲人、朋友、师长、同学，我们怎样才能实现良好的语言互动，从而助力我们在人际交往中如鱼得水？我们想探索的问题很多，不妨从活动中努力寻找出解决问题的线索。

活动一　飞鸽传书

【活动目标】

体会良好的语言沟通的重要性，通过高效沟通提升执行力，有效解决沟通障碍。

【活动材料】

A4纸。

【活动过程】

1.分组：全班同学随机分成几组，每组要保持相等人数，控制在6~8人最佳。

2.同一组同学站成一排，组员间保持1米距离，组与组之间需保持2米以上间距。

3.每组第一名同学领取“密信”。“密信”需要老师课前准备好并打印在A4纸上。“密信”为一则具备5W1H要素的新闻，字数不超过80字，每组领取的“密信”内容需要保持一致。

4.第一名同学领取“密信”后需迅速浏览一分钟，一分钟后，“密信”将被统一撕毁，每组组员间开始通过口耳相传的方式依次传递“密信”内容，每次传递中，传的一方可以说话，但听的一方不得张口，以此类推，直到每组最后一名同学接收到“密信”内容。

5.每组最后一名同学接收到“密信”内容后，需要在空白的A4纸上写出“密信”任务的主要内容，各组均完成后，由该同学宣读纸上写出的任务，最终任务各要素都表述清楚无误且用时最短组获胜。

6.活动结束，分组讨论。

【活动总结】

1.获胜组及失败组获胜及失败的原因在哪里？

2.活动获胜的关键要素都有哪些？

3.本次活动是更需要个人能力还是团队合作，你的想法是什么？

4.在本次“密信”传送任务中，我是声音太大暴露了自己，还是声音太小导致“战友”没有接收到信号？

5.短时间内处理较为大量的信息，我捕捉到重点了吗？我说清楚了吗？

6.如果再次组织类似活动，我将如何做出调整？

心理学的观点认为，人脑中的表象无法实现直接交流，由于语言具有形象描述、直接表达、引起他人注意的功能，因此，在日常交往中，我们最常用的手段就是需要将个人头脑里具体的表象进行加工，转换成他人能够理解的语言，并清晰地表达出来。

本次活动中，需要考验同学们的有以下几点：一是如何在脑中将获取的信息快速、有效地整合；二是个人语言是否可以清晰表达至对方；三是通过面部神态、行为动作等判断对方是否准确地接收信息等。

活动二　情景分析

【活动目标】

了解自己在人际沟通方面存在的不足；掌握一定的沟通技巧，提高沟通能力。

【活动材料】

1.教师收集有关人际交往的故事（或学生中的事例）。

2.分好学习小组，每组准备一支笔、一张白纸。

【活动过程】

学生情景迷你表演：

下课铃声响了，张明快步走出教室时，感觉手臂无意中碰到别人的桌子。因为走得急，他未加理会，更未察觉自己已经不小心碰掉了王强放在书桌上的文具盒，盒里边的文具撒了一地。王强捡起来一看，发现文具盒被摔得有些变形了，心里很不高兴。一会儿，张明又回到教室。

王强：张明，你走路没长眼睛呀！把我文具盒碰掉地上了！

张明：你才没长眼睛呢！我也不是故意的，再说了，你哪只眼睛看见是我碰掉的？凭什么说是我！一个破文具盒，有什么了不起的！

王强：你怎么摔了别人的东西，还强词夺理……

张明：……

表演结束，同学们分组讨论以下问题：

1.这两位同学处理问题的方式合理吗？为什么？

2.你遇到过班上的同学之间发生类似事情或亲历类似语言、行为吗？

3.如果你是张明，你会怎样处理此事？

讨论结束，各小组按照小组观点，用角色扮演的形式重新编排以上情景，并向全班同学展示。如：

王强：张明，你把我的文具盒碰到地上了。这是我好朋友几天前刚送给我的，现在却摔坏了（生气状）。

张明：王强，对不起，我刚刚走得太急了，不小心碰掉了你的文具盒，放学后我买一个新的赔给你，好吗？

王强：算了，你不用赔，我看文具盒修一修还可以接着用。

张明：以后我一定会注意的。我看看文具盒怎么修，我们一块修吧。放学后我请你吃冰激凌，算是赔礼道歉……

学生讨论交流：自己与同学交往时应注意哪些问题？

【活动总结】

说话是一种艺术，对人尊重、说话得体，既能体现个人素养，也可以使人际交往顺畅、和谐；反之，态度粗鲁、说话生硬，则会使他人反感、厌恶，人际关系随之疏远。所以，同学们需要在社会、校园等交往中掌握必要的语言沟通技巧。

思考与感悟

培根说过："如果你把快乐告诉一个朋友，你将得到两个快乐；而如果你把忧愁向一个朋友倾诉，你将被分掉一半的忧愁。"在日常生活中，无论是信息、思想，还是情感的交流，其实都是需要通过语言沟通来得到满足。课后，同学们可以仔细回忆令自己印象最深刻的"愤怒事件"，然后把自己的感悟与家人、朋友或同学分享。

第二节 走进倾听的世界

沟通是人类集体活动的基础，沟通是人际情感交流的基石，有了沟通，人类社会才能不断进步发展。尽管我们每天都在说话，进行语言交流，但那未必是有效的沟通。善于倾听别人，是与人沟通的前提和基础。多听少说，善于倾听别人讲话是一种高雅的素养，卡耐基说过这样一句话："一双灵巧的耳朵胜过十张能说会道的嘴巴。"学会倾听是对别人的尊重，也是自己与他人进行沟通交流的基石。在本节中，需要大家一起完成以下任务：

1. 回顾过去，你在倾听时通常有哪些表现？
2. 归纳一下你的倾听方式对个人日常沟通的影响。
3. 理解有效倾听的概念。
4. 培养良好的倾听习惯。

案例导入

故事一：1916年12月，蔡元培出任北大校长。蔡元培大胆聘请了一批具有革新意识的知识分子，以此来改革北大的旧官僚习气，提升北大师资水平，改变教师队伍结构。聘请的知识分子中就有从美国留学回来的胡适。

初入北大，胡适感到压力很大，毕竟北大是当时中国的“第一学府”。蔡元培知道胡适会有些许紧张，便在胡适登台讲课的前一天晚上来到了胡适家中。

果不其然，蔡元培校长刚一坐下，胡适就一个劲地说东说西，担心讲不好、学生可能会不积极等等各种问题，而蔡老只是耐心地倾听着他把所有的话说完。那一晚，蔡老只是一个倾听者，没有任何插言，只在临走前诚恳地说了一句：“我聘你到北大来，就是信任你。”

以后胡适每当想起这件事，就十分感激蔡元培那天晚上一直耐心倾听他的谈话。对方有话向你倾诉，是对你的信任。你若心不在焉、敷衍塞责，那只能令对方失望、失落，感觉冷漠。

故事二：杨绛在《回忆我的父亲》一文中曾提到了与父母的关系。杨绛的父亲是一位知名律师，他把每一件受理的案子都详细地讲述给妻子听，比如因为什么事，涉及什么人等。杨绛母亲就这样耐心地听丈夫讲，直到对方讲完，思索片刻，才开始表达自己的想法，继而两人一起分析、一起讨论。这样的谈话方式，不但没有让两人的交流变少，反而让两人敞开心扉，从工作一直聊到生活的方方面面。杨绛说：“我父母好像老朋友，我们子女从小到大，没听到他们吵过一次架。夫妇不吵架常有，不过女方会有委屈闷在心里，夫妻间的共同语言也不多，我父母却无话不谈。”这种夫妻相处之道后来深深影响着杨绛的择偶观，以至于她和钱钟书两个人也有一辈子说不完的话。

倾听，是一种表达爱的方式。善于倾听的人，用无声的言语激励着失意中的亲人、朋友砥砺前行。有人说，倾听的力量等同于一个爱的拥抱，强大并深入人心。

知识链接

在人际的交往中，有效倾听是十分重要的，但是什么才是有效倾听呢？倾听看似每一个人都会，因为我们每一个人都有两只耳朵，并且我们多数时间都要倾听，但倾听的效果怎么样呢？同是听一个人讲话，为什么每个人得到的信息却不尽相同呢？这是因为倾听的有效程度不同。

要做到有效倾听，需要注意以下几点：

一是要集中注意力，把精力全都集中在我们所要听的对象上，摆脱那些与我们所听的不相关的事。我们可以运用自我对话来集中注意力，保持对所听东西的关注。二是我们应在集中精力的同时积极关注说话者的肢体语言，这样能让我们更好地进入谈话氛围，把自己融入其中。三是在倾听的过程中我们要结合自身情况来思考，如果在对方讲述完毕时，我们有不懂之处，则应当适时进行提问，这样我们就能及时与对方进行沟通，并能达到倾听的最佳效果，做到有效倾听，达到事半功倍。

善听者往往也善于思考，在学校里，我们应该积极培养善听善思的好习惯。比如我们可以在课上同学发言前猜想发言的同学会说什么；在同学发言后内心对同学的观点进行归纳；认真思考同学的发言有无道理。这是十分有效的倾听方法。经过一段时间的训练，大家可以学会先听后说，想好再说，并养成良好倾听的习惯。倾听的能力，既是一种尊重人的态度，也是一种可以训练的、十分有效的人际沟通的方法和技巧。

课堂活动

沟通中不仅需要掌握使用语言的技巧，同时需要注重观察和倾听，我们不仅要表达自己的意见和想法，更重要的是用心去倾听对方所传达的信息，这是沟通真正的目的。双向的沟通会使我们的交流更顺畅，单向的沟通常常会因为听者理解上的偏差而引起不必要的误会。

活动一 “聪明”的小明

【活动目标】

引导学生不要按照主观臆断去做事，深刻认识倾听的重要性。

【活动材料】

教师课前需准备好活动过程中的指示内容。

【活动过程】

1.老师按照提前准备好的内容开始发令，同学们认真聆听。

2.教师读出下面一段话：“上中学的小明特别聪明，心算能力特别强。有一天，老师出了一道心算题目，小明很快就能给出结果。同学们，你们要不要试试看，看你们是不是和小明一样聪明？”

3.得到同学们的积极响应后，教师开始出题：“学校要举办联欢会，联欢会需要购买很多用于布置的材料，老师把207元班费全部交给班长晓丽。晓丽到超市买了气球、彩带、金纸和彩纸各一包，气球9元一包，彩带13元一卷，金纸和彩纸都是15元一包。结账时晓丽发现气球买两包时第二包半价，金纸、彩纸和银纸各买一包则纸品总价打8折，于是晓丽又拿了一包气球和一包银纸。东西买完后，晓丽回到了学校。”

4.这时老师停下来，不说话，望着同学们，看看大家有什么反应。这里一定会有同学积极说出晓丽一共花了多少钱或者班费还剩下多少。

5.老师大声宣布：“我的问题是晓丽一共买了几种东西，数量各是多少？有人能马上给出答案吗？”

6. 分组讨论。

讨论提示：

1. 为什么我们都在认真听、努力计算，答案却不是老师想要的？

2. 我们为什么断定老师一定会问自己所想的这个问题呢？

3. 我们为什么没有耐心听完老师的问题再说出答案呢？

活动二 情景展示

倾听能够帮助人们获得更多信息，更好地了解他人，增加沟通的效力。认真倾听可以让他人感受到被尊重和被欣赏，从而更愿意与我们交流。倾听同时也是稳定情绪的过程，有效的倾听可以促使我们更加理性地解决冲突和矛盾。

【活动目标】

提供倾听环境，引导学生学会走进倾听的世界。

【活动材料】

准备三张卡片，第一张卡片上写“请选择一个令自己感到幸福的话题，并讲述给大家听”；第二张卡片上写“当同学开始讲述自己故事的时候，用身体语言或打岔等方式来表示你没有认真倾听他的讲话”；第三张卡片上写“通过你的手势、身体语言、应答或者点头赞同等来表示你对对方的讲述感到很有兴趣，你是一个积极认真的倾听者”。

【活动过程】

1. 分组。选出三名同学——甲、乙、丙，发给他们卡片1，让其准备好卡片上的内容。

2. 剩下的同学分为两组——组A和组B。

3. 请同学甲上台讲述自己的故事，组A按照卡片2开始活动。

4. 请同学乙上台讲述自己的故事，组B按照卡片3开始活动。

5. 请同学丙上台讲述自己的故事，组A和组B一起活动。

6. 小组讨论。

讨论提示：

1. 甲、乙、丙三位同学能否可以直观感受到同学们是否在认真倾听其讲述？

2. 甲、乙、丙三位同学对待讲台下听众的不同反应会有什么样的感觉？对他们接下来的讲述的影响又是什么？

3. 同学们认为积极的倾听行为应该是怎样的？

【活动总结】

在与别人交流的时候，善于倾听别人说话这一点很关键。仔细认真倾听别人说话，我们能够很准确地理解别人想要表达的思想，领会对方说话的目的，这样就能够助力我们更加准确地表达自己的思想和观点。听得准确与否直接关系到我们的行动正确与否，细心地聆听既是对自己的负责，也是对他人的尊重，耐心、积极地倾听会促使我们更好与人进行交流和沟通，并达到事半功倍的效果。

以上两种活动都是围绕着探索倾听的重要性。除了这些活动以外，我们也可以认真回顾过去，积极分析自己在过往的生活和学习中是否存在倾听障碍，分析自己在此方面的优缺点，结合本节课的学习，加以修正和提升。

思考与感悟

人之初，都是先学倾听，其后学说话。倾听是一门需要去学习的技能，人与人之间最直接的交流方式是面对面交谈，那么倾听则是了解他人最直接的途径。倾听别人，是一种沟通，也是一种尊重。当我们不知道如何开口，又不想开口的时候，那么请保持微笑，学会倾听，然后不时提出赞扬。要知道，学会倾听，比急着讲述自己的想法来得更真诚。

请大家结合自己的学习收获，在下面的横线上完成个人感悟，并和同学们一同分享。

例：倾听，不是敷衍，而是发自内心的意会；

倾听，不是________，而是____________；

倾听，不是________，而是____________；

倾听，不是________，而是____________；

倾听，不是________，而是____________；

倾听，不是________，而是____________。

第三节

诚信架起彩虹桥

知识是财富，诚信也是一种财富。在人与人的交往及人际关系的形成中，诚信是非常重要的因素。诚信能够提高人们之间的沟通效率，使得沟通更为和谐、顺畅。诚信是一段良好的关系中必不可少的基石。在本节中，大家需要一起完成以下任务：

1.讲一讲有关“诚信”的故事。

2.说一说生活中诚信的重要性。

3.搜集有关诚信的成语、名人名言。

案例导入

战国的时候，赵惠文王有一块叫作“楚和氏璧”的宝玉，被秦国的昭王知道了。昭王便派了位使臣到赵国来跟惠文王商量：秦国愿意以十五座城池和赵国换取这块宝玉。

惠文王一听：“这该如何是好呀？秦国这么强大，如果把宝玉交给秦昭王，他会不会耍赖，不把十五座城池给我们？如果不给，秦昭王会不会一气之下派兵来打我们？到底该怎么办才好？”大家看到惠文王这么烦恼，有人就提议：“我们去请智勇双全的蔺相如来，他一定会想到好办法的。”

蔺相如来了之后，惠文王第一句话就问他：“秦国要用十五座城池来交换我的楚和氏璧，你看我应不应该答应他呢？”蔺相如毫不迟疑地说：“秦国强，赵国弱，我认为您不答应也不行呀！”“可是，假如秦国拿了我的璧玉，却不把城池给我，那我该怎么办？”惠文王忧心地问。蔺相如马上接口说：“秦国要拿十五座城池来交换赵国的楚和氏璧，假如赵国不答应，那当然是赵国的错；反过来，若秦国得到了璧玉，却不把城池给赵国，那错就在秦国了。因此，照我的看法，还是派人将璧玉送到秦国去比较好。”

赵惠文王觉得蔺相如说得很有道理：“依你看，派什么人去好呢？”蔺相如自告奋勇地说：“假如大王实在找不出合适的人，臣倒愿意前往一试。秦国如果守信，把城池给我们赵国，我就把璧玉留在秦国；如果秦国食言，不把城池给赵国，我一定负责将原璧归还赵国。”

蔺相如到了秦国以后，见到了秦昭王，便把璧玉奉上。秦昭王见到璧玉后，高兴得不得了，不断地把璧玉捧在手上仔细欣赏，又把它传给左右的侍臣和嫔妃们看，却闭口不提用十五座城池交换的事。蔺相如一看情形不对，马上向前对秦王说：“大王，这块璧玉虽然是稀世珍宝，但仍有些微的瑕疵，请让我指引给大王看看！”

秦王一听：“有瑕疵？快指给我看！”蔺相如从秦王手中把璧玉接过来以后，马上向后退了好几步，背靠着大柱子，瞪着秦王大声说：“这块璧玉根本没有瑕疵，是我看到大王拿了璧玉以后，根本就没有把十五座城池给赵国的意思，所以我编了个谎话把璧玉骗回来。如果大王要强迫我交出璧玉的话，我就把楚和氏璧和我自己的头，一起去撞柱子，砸个粉碎。”蔺相如说完，就摆出一副要撞墙的样子。秦昭王害怕蔺相如真的会把璧玉撞碎，连忙笑着说：“你先别生气！来人呀，去把地图拿过来，划出十五座城池给赵国。现在你可以放心把璧玉给我了吧！”

蔺相如知道秦王不安好心，就骗秦王说：“这块楚和氏璧，是天下人都知道的稀世珍宝，赵王在交给我送到秦国来之前，曾经香汤沐浴，斋戒了五天，所以大王在接取的时候，也同样应该斋戒五天，然后举行大礼，以示慎重呀！”秦王为了得到璧玉，只得按照蔺相如所说的去做。蔺相如趁着秦王斋戒沐浴的这五天内，叫人将那块璧玉从小路送回赵国。

五天过去了，秦王果真以很隆重的礼节接待蔺相如。蔺相如一见秦王便说：“大王，秦国自秦穆公以来，二十多位君王，很少有遵守信约的人，所以我害怕受骗，已差人将璧玉送回赵国！如果大王真的要用城池来交换楚和氏璧，就请先割让十五座城池给赵国，赵王一定遵守誓约将璧玉奉上。现在，就请大王处置我吧！”秦昭王一听璧玉已经被送回赵国，心里虽然很生气，却也佩服蔺相如的英勇，不但没有杀他，还以礼相待，送他回赵国。

知识链接

诚信是一个道德范畴，是公民的第二个“身份证”，是日常行为的诚实和正式交流的信用的统称，泛指待人处事真诚、老实、讲信用，一诺千金等。但一般它主要是指两个方面：一是指为人处事真诚、诚实，尊重事实，实事求是；二是指信守承诺。

“诚”与“信”作为伦理规范和道德标准，起初是分开使用的。孟子说：“诚者，天之道也；思诚者，人之道也。”《中庸》中也说：“诚者，天之道也；诚之者，人之道也。”信的基本含义是指遵守承诺，言行一致，真实可信。最先将“诚”与“信”连在一起使用的是在《逸周书》中：“成年不尝，信诚匡助，以辅殖财。”“父子之间观其孝慈，兄弟之间观其友和，君臣之间观其忠愚，乡党之间观其信诚。”这里的“信诚”实际上表达的是“诚信”的意思。就是说，从一般意义上，诚信是指诚实不欺，讲求信用，强调人与人之间应该真诚相待。

在人际交往中营造一种和谐的关系，这是每一个人所期盼的。为了营造这种和谐的关系，我们平日与人交往时，务必做到以下几点：

1.以诚相待

东晋葛洪在《抱朴子·交际》中，反对“匿情而口合”“面从而背憎”，故我们应以真情实意对待朋友，不可口是心非、隐瞒实情。真诚是友谊的生命，如果对朋友诈伪而无真诚之情，这只是“乌集之交”。只有肝胆相照的朋友，才是“腹心之友”。西汉文学家、哲学家扬雄于《法言·学行》中曰：“朋而不心，面朋也；友而不心，面友也。”若交朋友而不交心，不能开心见诚，这种缺乏真诚的友谊是难以持久的，故人际交往贵在真心、交心与知心。

2.以信相交

朋友之间必须诚实忠信，《论语·学而》曰："与朋友交，言而有信。"一旦欺骗朋友，朋友就再不会信任自己，便会破坏了大家的友谊。而真的朋友能做到如《礼记·儒行》所言"久不相见，闻流言不信"，就算大家很久没见，当听到有关朋友的谣言时，彼此仍能互相信任。

3.以道义相交

将人际交往建立在道义的基础上，彼此皆以道义为原则，这是一种君子之交。北宋著名文学家欧阳修在《朋党论》中深刻地分析说："小人与小人，以同利为朋……小人所好者利禄也，所贪者货财也。当其同利之时，暂相党引以为朋者，伪也。及其见利而争先，或利尽而交疏，则反相贼害……君子则不然。所守者道义，所形者忠信……以之修身，则同道而相益……终始如一。"真正的君子之交以道义为基础，真心相待，友谊是持久的；相反，小人之交以势利为基础，虚假造作，友谊是短暂的。

四、以平等相交

将友谊建立在志同道合、情趣相投的基础上，贵者一方不应以自己的年资、地位、权势、财富作为交友的资本，彼此应当相互尊重，做到正如《法言·修身》所言："上交不谄，下交不骄。"遇到显贵的人，不会因此奉承巴结；遇到寒微的人，不会因此傲慢自大。这正是平等之交的可贵之处。

课堂活动

诚实是金，黄金有价，诚信无价，诚信比黄金更贵重。诚信作为高尚的品格，可以为人们带来财富，但诚信本身并不是黄金。

中国古代一位思想家曾告诉我们，做人要"慎独"，意思是说，君子即使在只有自己一个人的时候，也会严格地自我反省，做到心中坦坦荡荡，行动光明正大。著名科学家爱因斯坦曾说："世间最美好的东西，莫过于有几个头脑和心地都很正直而严正的朋友。"王充说过："精诚所至，金石为开。"古代著名教育家孔子说过："人而无信，不知其可也。"

世界上有许多诚信，有用诚信校正成长的脚步，用诚信守护良知的天空……"诚信"这只是两个简简单单的字，但近年来，不少人把它遗忘了，甚至丢弃了。结果是，许多人的心灵被污染了。行为中的欺骗、隐瞒多了，社会上的假冒伪劣泛滥了。为此我们倡导并和千千万万善良、正直的人们一起，呼唤诚信，寻找诚信，在我们身边共同种植培育起诚信的森林，让这个世界变得更美好。

在生活里，你对诚信有着怎么样的认识呢？

活动一　周幽王烽火戏诸侯

【活动目标】

通过“周幽王烽火戏诸侯”使学生明白什么是诚信，培养学生们在生活中要讲诚信。使学生们树立“诚信是立身之本，法治乃安国之源”的理念。

【活动材料】

多媒体。

【活动过程】

观看多媒体课件，让学生了解“周幽王烽火戏诸侯”的故事。

在商鞅“立木为信”的地方，早在400年以前，却曾发生过一场令人啼笑皆非的“烽火戏诸侯”的闹剧。周幽王有个宠妃叫褒姒，为博取她的一笑，周幽王下令在都城附近20多座烽火台上点起烽火——而烽火是边关报警的信号，只有在外敌入侵需召诸侯来救援的时候才能点燃。结果诸侯们见到烽火，率领兵将们匆匆赶到，弄明白这是君王为博妻一笑的花招后又愤然离去。褒姒看到平日威仪赫赫的诸侯们手足无措的样子，终于开心一笑。五年后，西夷太戎大举攻周，幽王烽火再燃而诸侯未到——谁也不愿再上第二次当了。结果幽王被逼自刎而褒姒也被俘虏。一个“立木为信”，一诺千金；一个帝王无信，戏玩“狼来了”的游戏。结果前者变法成功，国强势壮；后者自取其辱，身死国亡。可见，“信”对一个国家的兴衰存亡起着非常重要的作用。

讨论提示：

1.读了这个故事后你有什么感想？

2.为什么烽火台上白天冒着浓烟，夜里火光冲天，可就是没有一个救兵到来？

3.让每组说说自己的观点。

【活动总结】

周幽王失诸侯的原因是“没有诚信”。

烽火戏诸侯只不过是西周灭亡的催化剂，加剧了它的灭亡。就算没有烽火戏诸侯，西周早晚也会在其他事件中灭亡，无法挽回，烽火戏诸侯只是一个契机而已。如果天子失信的话，诸侯就会失信、自大、争霸。

活动二　曾子杀彘

曾子的妻子到集市去，儿子一边跟着她一边哭泣。曾子的妻子说：“你回去，等我回家后为你杀一头猪。”妻子到集市后回来了，曾子就要抓住一头猪把它杀了，妻子制止他说：“我只不过是与小孩子开玩笑罢了。”曾子说：“小孩子是不能和他开玩笑的。小孩子是不懂事的，是要依赖父母学习的，并听从父母的教诲。现在你欺骗他，是在教他学会欺骗。母亲欺骗儿子，儿子就不会相信自己的母亲，这不是教育孩子该用的办法。”于是曾子马上杀了猪煮肉吃。

【活动目标】

通过“曾子杀彘”这个故事，使学生们认识到任何人在任何时候都不能失信于别人。

【活动材料】

多媒体。

【活动过程】

1.让学生自己讲一讲有关“诚信”的故事。

2.通过多媒体课件观看“曾子杀彘”的故事。

3.小组讨论。

讨论提示：

1.你认为曾子的夫人做得对吗？

2.家长可以失信于孩子吗？

3.你的家长曾失信于你吗？

【活动总结】

曾子用言行告诉人们，为了做好一件事，哪怕对孩子，也应言而有信、诚实无诈。父母是子女的第一任启蒙老师，父母的一言一行对子女将来的成长起着很大的作用。小孩子没有思考和判断能力，要向父母亲学习，听从父母亲的教导。所以有见识的家长在孩子面前处处以身作则，以培养他们良好的品德。曾子这样做完全是正确的，他用自己的行动教育孩子要言而有信、诚实待人。别看杀了一头猪，眼前利益受损，但从教育子女的长远利益看，大有好处。所以无论对何人、在何时我们都要讲“诚信”。

思考与感悟

一个没有良好诚信品德的人，不可能有坚定的理想信念。一个在平时不讲诚信的人，在关键时刻不可能为崇高的理想信念做出牺牲。

学生只有养成诚实守信的道德品质，才能真正忠诚于国家和民族的事业，牢固树立在中国共产党领导下走中国特色社会主义道路、为实现中华民族伟大复兴终生奋斗的理想信念。

学生只有以诚实守信为重点，加强思想道德修养，讲诚信、讲道德，言必信、行必果，诚心做事、诚实做人，言行一致、表里如一，自觉端正态度，坚守道德规范，才能不断提高思想道德素质、科学文化素质和健康素质，实现全面发展。

学生只有树立诚信为本、操守为重的信用意识和道德观念，“以诚实守信为荣、以见利忘义为耻”，努力培养诚实守信的优良品质，奠定立足现代社会的道德基石，才能成为高素质的各类人才，承担起社会责任和历史使命。

第四节

最好的交往之道

人际交往中，良好的关系是能让彼此喜欢和对方交往，能在交往中产生精神愉悦或物质收获。交往是良性循环过程，有沉重负担的交往不会长久。良好的人际关系是需要相互包容、尊重和适应的，此乃最好的交往之道。在本节中，需要大家一起完成以下任务：

1.总结自己在与人交往过程中的特点。

2.归纳这些特点，有哪些是你认为阻碍和谐交往的原因。

3.梳理原因，你觉得可以如何调整个人交往行为，促使人际交往更顺畅。

案例导入

战国时期，耕柱子是一代宗师墨子的得意门生，不过，他总是挨墨子的责骂。一天，墨子授课时，一只小鸟停在窗外的柳树上婉转鸣啼，弟子们纷纷随着声音向外张望，耕柱子也随着大家瞅了一眼。事后，墨子却单独找来耕柱子，严厉地责骂了他。耕柱子感到很难过，觉得受到很大的委屈，因为在许多门生之中，大家都公认耕柱子是最优秀的人，但又偏偏常遭到墨子指责，让他很没面子。他愤愤不平地问墨子：“老师，我犯的错误并不比别人多，却遭到您这样严厉责难，难道在这么多学生当中，我是如此的差劲，以致要时常遭您老人家责骂吗?”墨子听到之后，丝毫不动肝火，问他：“假如你要驾驭马和牛上太行山，你会选择鞭打马还是鞭打牛?”耕柱子回答：“我当然要鞭打马。”墨子又问：“为什么要鞭打马而不鞭打牛呢?”耕柱子回答：“因为马儿跑得快，才值得鞭打，这种能力是牛不具备的。良马足以担负重任，值得驱遣。”墨子说：“你答得一点也没有错，我之所以时常责骂你，也只因为你能够担负重任，值得我一再地教导与匡正你。”耕柱子恍然大悟，连忙拜谢师恩。试想，故事中的墨子如果没有和耕柱子之间进行沟通，如果耕柱子没有主动找墨子，墨子没有感受到耕柱子心中的愤恨，那么结果会怎样呢?假设在耕柱子主动找墨子沟通的时候，墨子推诿，结果耕柱子就会恨上加恨，双方不欢而散；如果耕柱子不说出自己心中真实的想法，结果同样是误会加深。有效的沟通，一定不要忽视沟通的双向性。良好的沟通需要双方积极、主动参与其中，彼此包容和理解，很多不必要的误会也都可以在良好的沟通中被逐渐消除。

知识链接

良好的心理，是人们进行社交活动的必要条件。不良的心理状态会为人们的交往设立屏障，从而阻碍个人的社会交往。同学们在日常学习生活中应当注重自身修养的提高，努力克服人际交往中的不良心理。我们常见的人际交往中的不良心理主要有：

自卑心理：部分人易在交往中产生自卑感，瞧不起自己，常居人下，缺乏自信心，导致自己无法发挥个人优势和特长。有自卑心理的人往往在社交中缺乏胆量和主见，喜欢随声附和。这种不良心理如不及时调整改变，则会逐渐使人失去个性、胆识和魄力。太过谦卑，容易被欺负，处事要有个人原则，交往中对方如越过底线时必须反击。在与人相处的时候，要学会不卑不亢。

冷漠心理：有些人习惯于事不关己、高高挂起，冷漠对待与自己无关的人或事。没有同情心，甚至错误地把言语刻薄、态度冷漠当成自己的“个性”，说话做事盛气凌人、固执己见，不懂得尊重他人，只考虑自己的感受，这种交往会令人感到压抑、烦闷，久而久之，导致他人疏远自己。

易变心理：有些人把朋友交往看作是逢场作戏，朝秦暮楚，见异思迁，在交往方式上大做表面文章，因而常常得不到真正的友谊，交不到真正的朋友。

猜疑心理：日常交往中，有些人每每遇到别人议论什么，就习惯投射自我，认为别人是在谈论自己，说自己坏话。具有猜疑心理的人，往往会表现出捕风捉影、说三道四的不良一面，令人际交往加速陷入恶性循环。

逆反心理：有些人在交往中爱与他人抬杠，以此表明自己的“标新立异”。对任何事情，不管是非曲直，喜欢和对方站在对立面，张扬个性、凸显权威，具有逆反心理的人常会使他人产生反感和厌恶。

自私心理：人际交往中，有些人处事原则是个人利益至高无上，无利不为，在与人交往合作时总想得到更多、付出最少，缺乏分享精神，不顾及他人感受，因此，对于这类人，大家往往是避而远之。

课堂活动

面对面的是沟通，心对心的是交流，人际交往从来都不是一厢情愿的，它是一个双向互动的过程。与人沟通时要积极营造使他人感受被尊重和被欣赏的氛围，学会换位思考，通过观察和倾听提升个人思维高度，增加双方的信息交流和感情沟通，这是待人接物的修养，也是高级的相处之道。

活动一 耳听手动

【活动目标】

了解有效沟通的主要方式和注意事项，感受倾听、非语言沟通、积极的语言表达带来的美好情感体验。

【活动材料】

准备总人数两倍的A4纸（废纸亦可）。

【活动过程】

1.给每名同学发一张大小相同的纸。

2.教师说出折纸要求：把纸对折，再对折，再对折，把右上角撕下来，将纸旋转180°，然后把左上角撕下来（学生在操作时需闭上眼睛，且全程不许说话）。

3.所有同学完成任务后，睁开眼睛，把纸打开。

4.给每名同学再发一张大小相同的纸，重复刚刚的活动过程，无须闭上眼睛，并允许语言交流，看一看大家的作品相似度会是多少？

5.分组讨论。

讨论提示：

1.请同学们相互展示自己两次的作品，为什么同学们第一次活动作品不太一样，各有“姿态”？

2.第二次活动作品相似度近乎100%，为什么？

3.如果你曾有过因为缺乏良好的沟通而产生不愉快的经历，通过今天的学习，你是否找到了解决问题的办法呢？

活动二 我最有办法

体会沟通的方法有很多。当环境和条件受到限制的时候，你是怎样通过积极创造条件、探索途径去改变自己，从而达到个人最终的沟通目的呢？同学们可以试着完成下面的活动。

【活动目标】

帮助同学在沟通的困境中积极探索，找寻解决问题的最佳办法。

【活动材料】

眼罩、小贴纸。

【活动过程】

1.分组，每组15人左右比较合适。

2.给每组同学每人一个号（如果一组15人，则发放1~15号），此号只有本人知道，所有组均为同样的发号规则。

3.请每名同学戴上眼罩。

4.请各小组根据每人的号数，按从小到大的顺序排列出一条直线。

5.全过程不能说话，如果有人说话或摘下眼罩，则本组游戏结束。

6.分组讨论。

讨论提示：

1.你是用什么办法来通知小组你的位置和号数？

2.在沟通中你遇到的问题有哪些，你是怎样解决这些问题的？

3.通过思考和讨论，你觉得还有什么更好的办法来达到活动目的？

【活动总结】

在与人沟通中，你是否会因为主观意志或客观环境、人物等各种因素的影响而感到焦虑。其实无论你处在什么样的环境中，面对的沟通对象是怎样的，都不需要把沟通困难无限放大，不管是通过文字、语言还是肢体动作，其实都是旨在表达沟通双方彼此的思想、意见、情感等，从而达到人与人之间对信息的共同理解和认识，取得相互之间的了解和信任。

以上两种活动都是围绕面临沟通困境，考验个人行为指向所建立的。通过这些活动，我们应当认识到，沟通中存在诸多复杂因素，其所陷入困境的原因也是多方面的。同学们应当学会合理归因，做好沟通前的充足准备，用乐观积极的方式去为沟通努力。要知道很多困扰都是因为情绪的触发而生的，我们应当学会处理好情绪，让沟通更加顺畅。

思考与感悟

“没有交际能力的人，就像陆地上的船，永远找不到人生的大海。”无论之前多熟悉的人，一旦不沟通，就没有了默契；无论之前多深厚的情，一旦不沟通，就很容易改变。沟通很重要，有效的沟通能促使我们在成长的路上收获更多。无论和谁相处，有沟通，才有感情；常沟通，才能更长久。面对不同的人，我们会有不同的沟通方法，自然也会有不同的沟通方式，两个人的沟通，其70%是情绪，30%是内容，情绪不对，沟通就不对，而沟通不对，内容也会被扭曲。

请大家结合自己的学习收获，在下面的横线上完成个人感悟，并和同学们一同分享。

要沟通，就要诚心实意，不能____________；

会沟通，就要言语上尊重他人，不能________；

懂沟通，就要懂得换位思考，不能____________；

每个人都有自己不同的处境和身份，

与家长沟通，我们应当＿＿＿＿＿＿＿＿；

与老师沟通，我们应当＿＿＿＿＿＿＿＿；

与同学沟通，我们应当＿＿＿＿＿＿＿＿；

与上级沟通，我们应当＿＿＿＿＿＿＿＿；

与老人沟通，我们应当＿＿＿＿＿＿＿＿；

沟通可以让我们收获更多朋友；

沟通，可以让我们＿＿＿＿＿＿＿＿＿＿；

沟通，可以让我们＿＿＿＿＿＿＿＿＿＿；

沟通，可以让我们＿＿＿＿＿＿＿＿＿＿。

第三章　意志责任篇

第一节　认识全新的自我
第二节　心有宝藏待发掘
第三节　我心常为中国红
第四节　涓涓细流融为海

第三章　意志责任篇

第一节

认识全新的自我

你了解自己吗？自我认识是心理学的一个重要领域，也是一个复杂的过程，需要我们不断地思考和探索。只有通过不断地认识自我，才能更好地实现自我发展和成长。在本节中，需要大家一起完成以下任务。

任务一　发现自己（如图3-1所示）

1.我是谁？我的本质是什么？

2.我是什么样的人？我的个性，特长，能力如何？

3.描述全新的自己。

4.勇敢地向大家展示全新的自己。

图3-1　认识全新的自我课程目标示意图

案例导入

王亚平：带着孩子们的眼睛去触碰梦想

樱桃成熟的季节，山东烟台女孩王亚平走出生活了17年的小山村，从此飞向天空，飞向太空。

高三那年，空军部队来学校招女飞行员。王亚平一路过关斩将，顺利收到了空军长春飞行学院的录取通知书。4年的学校生活，连周末外出的机会也很少，每天饱受风吹日晒，人也变得又黑又瘦。那段时间，她甚至萌生过退学的念头。

当她打电话和家人诉苦时，父亲的一句话惊醒了她："你吃的所有苦，不都是为了飞行吗？"打那以后，王亚平就抛掉了一切不合时宜的念头，把全部精力集中到学习训练中。

第一次上飞机飞行那天，按训练要求，飞机俯冲低飞时，王亚平看到了地面上那些仰头观望的村民的脸，看到了农户家的鸡被惊得飞来跳去，看到了大黄狗冲着天空叫唤。

“神奇而欢乐的飞行让我深深陶醉其中，再也不愿离开飞行。”王亚平说。

2003年，杨利伟乘神舟飞船首飞太空。火箭升空的那一刻，电视机前的王亚平忽然闪过一个念头：中国什么时候会有女航天员呢？

那年，23岁的王亚平有了自己的飞天梦。

2010年，她如愿成为航天员大队的一员。这时，她才发现这些光鲜灿烂的时刻，是短暂的，更多的是面对枯燥艰苦的训练和一次次激烈严酷的挑选。

初次接触离心机训练，她感到既陌生又恐惧。游乐场惊险刺激的过山车，过载只不过是自身体重的两三倍，而航天员的超重训练，承受的压力要达到自身体重的8倍。每次训练，随着过载的增强和过载受力方向的变化，王亚平的脸部肌肉会因为强大的牵引力而严重变形，眼泪控制不住，不断地向外流。短短几十秒的训练时间，每次都像几个小时一样令人难熬。但她从不去按下手边那个红色的暂停按键。

出舱活动水下训练中，她在10米深的水下，克服水的阻力和服装40千帕的压力，不断调整身体姿态，完成攀爬、操作等各种动作，一练就是五六个小时。饿了只能忍着，痒了、痛了也没法挠。男航天员在水下坚持多久，王亚平同样在水下坚持多久。

在太空，身着舱外航天服的航天员行动和操作主要靠上肢，对于将要执行出舱任务的王亚平来说，如何增强上肢力量？一个字，“练”。

抓握铅球、俯卧撑、举杠铃……终于，王亚平将胳膊练出了肌肉块。那天，她高兴坏了：“胳膊变粗了，说明我的肌肉力量增强了。”

2013年，王亚平入选神舟十号航天员乘组，6月11日17时38分搭乘神舟十号飞船首次飞向太空。或许正是有了充分训练准备，进入太空的第一个晚上，她一觉居然睡了11个小时。

根据任务安排，她还在飞行中为全国8万余所学校的6 000多万名学生进行太空授课。这是我国载人航天飞行中首次开展教育应用类任务，是一次面向全国、面向全世界的科普直播活动。

6月20日，在远离地球400千米的天宫一号目标飞行器中，身着蔚蓝色舱内工作服的王亚平向摄像机镜头缓缓飘来，在大约40分钟内顺利进行了质量测量演示、单摆运动演示、陀螺演示、水球演示、水膜演示等5个基础物理实验，并通过天地连线与地面课堂师生进行互动交流。

活动即将结束时，王亚平说：“飞天梦永不失重，科学梦张力无限。”这句话也在众多学生心中播下了追寻梦想、追求科学的种子，激励他们投入探索太空的宏伟事业中来。

一个名叫王楠的高中生因此坚定了选择航天的信念，现在如愿成为一名航天工作者。她说：“‘太空教师’王亚平一直是我追梦路上的光。”

2021年的金秋，王亚平将作为神舟十三号航天员再飞太空，将成为进入中国空间站的首位女航天员，也将是中国首位实施舱外活动的女航天员。

“如果说第一次飞行更多的是新鲜和好奇，那么第二次飞行，我觉得更多的则是期待和享受。”王亚平对记者说，她期待再次飞上太空去享受失重环境下那种神奇美妙的感觉，期待着能够在我们自己的空间站里迎新年、过除夕，期待着到舱外去看看我们美丽的太空，也期待着能够再一次带着孩子们的眼睛去触碰梦想、开启新的探索。

资料来源：根据新华网2021年10月15日相关文章整理得来。

知识链接

2021年3月11日，第十三届全国人民代表大会第四次会议表决通过《中华人民共和国国民经济和社会发展第十四个五年规划和2035年远景目标纲要》，提出“以人民的思想道德素质、科学文化素质和身心健康素质”为主要内容的社会进步指标，心理健康再一次成为国家重点关注的领域之一。

心理健康的理想状态是保持性格完好、智力正常、认知正确、情感适当、意志合理、态度积极、行为恰当、适应良好的状态。

心理健康，突出表现在社交、生产、生活上能与其他人保持较好的沟通或配合，能较好地处理生活中发生的各种情况。心理健康的基础是每个人能够形成健全的人格，自我认同、自我悦纳、自我超越。

健康的人格需要有良好的自我调控系统，包括自我认知、自我体验与自我控制三个子系统，主要作用是对内心的各种成分进行调控，保证人格的完整与统一。

1. 自我认知

自我认知是对自己的洞察和理解，包括自我观察与自我评价。自我观察是对自己的感知、思想和意向方面的觉察；自我评价是对自己的想法、期望、行为以及人格特征的判断与评估，是自我调节的重要条件。如果一个人不能正确地认识自己，只看到自己的缺点，就会觉得自己处处不如人，容易产生自卑心理、丧失信心；反之，如果一个人只能看到自己的优点，就会骄傲自大，盲目乐观，恰当地认识自己，实事求是地评价自己，是自我调节和人格完善的主要前提。

2. 自我体验

自我体验是伴随自我认识而产生的内心体验，是自我意识在情感上的表现。当一个人对自己做积极的评价时，就会产生自尊感；当一个人对自己做消极评价时，就会沮丧、自卑。自我体验可以让自我认识转化为信念，进而指导一个人的言行；自我体验还能伴随自我评级，激励适当的行为，抑制不适当的行为。比如，当个人在意识到自己的行为带来不良后果时，内心会感觉羞愧不安，进而反省，不再做出类似的行为。

3. 自我控制

自我控制是自我意识在行为上的表现，是实现自我意识调节的最后环节。比如，当我们意识到学习对于人生发展的重要意义以后，就会激发学习的动机，做出刻苦学习的行为，表现出积极向上的拼搏精神。自我控制包括自我监控、自我激励和自我教育等。

心理学家说："长相如何并不重要。如果你爱自己，能够接受自己的全部，那么外貌就不会对你的自信产生任何影响。"

课堂活动

在生活中，我们总是觉得自己不够优秀，有时候，别人的夸奖或批评都会让我们沮丧、难受，失去自信，其实，从心理学看来，人们关于自信也存在一些偏见：

偏见1：只有拥有美好的外貌或者受人欢迎才能获得自信。

偏见2：自信完全在于仪态风度。

偏见3：只有赢得他人的称赞和赏识才能获得自信。

……

在你的生活里，是否还有一些其他的因素影响到了你对自己的感受呢？你又是否对自己有着正确的认识呢？

活动一　美丽的我

【活动目标】

促进自我觉察，发现自己的特长与优点，并将这些优点展示出来。

【活动材料】

大白纸、彩笔、剪刀。

【活动过程】

1. 分组，选择一首舒缓、轻松的音乐，在音乐中放松心情，缓缓闭上眼睛，想一想自己的样子。想象结束以后，你可以拿起笔，在纸上描绘出你想象的样子。你可以是任何一种样子：可以是抽象的，也可以是具体的，可以是一种动物，也可以是一样植物。总之，你要把最能够代表自己的一部分描绘出来。画完以后，你要对这些特征写出褒义的词语（比如在手臂上写上“给人拥抱”，石头上写出“坚韧”……）

2.画完以后向大家展示，进行“画展”，团队成员用褒义词补充绘画者的特征。

3.作画的同学观察活动过程，并向大家解释答疑。

4.分组讨论。

讨论提示：

1.你发现以前自己没有注意到的特长了吗？

2.你对自己发现的（或者以前没有注意到的）很多方面感到惊讶吗？

3.自己赞美自己困难吗？为什么？

【活动总结】

自画像借助形状与图画投射出作画者内心对自己的认识，是非常有效地探究自己的方法，作画者将对自己的认识形象地描绘与展示出来，能够更加直观地认识自己，让作画者发现隐藏在内心深处不为人知的自我，在潜移默化中进行内省与自我评估。小组同学间的讨论也能够帮助画者更好地认识自己。

在小组讨论结束后，我们可以再进一步地问问自己：

1.对待自己，是否还有模糊不清与不确定的地方？

2.我是按心中的自我来描绘自己的吗？

每个人都是自己的艺术家，在生活中描画出自己的样貌，选择什么颜色，画出什么形状。每一天，我们都在对自己的生活进行选择。

简洁有力、流畅自如、清晰地描绘出自己，说明对自我的形象比较明确；犹豫、形状模糊，线条含混说明对自己还不够了解。在作画的过程中，会有同学对自己形象感知比较准确、真实；也会有同学对自己认识模糊，将自己的特点放大。这些都是内心复杂的心理活动，也需要同学们看着自画像，重新理清思绪。

活动二　我的“广告牌”

广告牌总是很大，色彩鲜艳，非常醒目。广告牌是用于展示的，有些人喜欢为自己制作广告，因为他们希望能够吸引大家的注意；另外一些人则相对内向，不喜欢引人注目。在这个活动中，希望每一个同学都制作出一个属于自己的“广告牌”，把自己的特点介绍给大家，成为人群中最受瞩目的“明星”。

【活动目标】

给大家展示优点的机会。

【活动材料】

大白纸、彩笔、颜色鲜艳的彩色纸、其他（包括剪刀、记号笔、胶水等）。

【活动过程】

1.分组，发给每人一张大白纸，彩笔、彩纸若干，让组员们制作一个大型的、颜色多样、富有自己特色的广告牌，用彩笔、线条以及其他方式展示出创作者的优点。每个人都要通过强调自己的优点来吸引别人的注意力。

2.完成后，小组成员相互展示自己的“广告牌”，并且将它大声宣读出来。还可以进行组内、组间的评选，将作品挂在教室墙上进行展示。

3.小组讨论。

讨论提示：

1.在展示自己优点的时候，是否出现了困难？这些困难是什么？

2.是否有一些事情很难写在“广告牌”上？为什么？

3.为什么找到自己的优点非常重要？

4.为什么我们要向大家讲述自己的优点？

【活动总结】

以上两种活动都是用投射的方法探索自我。除了这些活动以外，我们也可以通过一些心理测试来认识自己，分析自己的优点和特长，比如探索职业兴趣的《霍兰德职业兴趣量表》、测量气质类型的《艾森克人格问卷》、研究性格类型的《MBTI职业性格测试》，这些都可以在课下进行测试与分享。

世界上没有完全相同的两片树叶。我们只能让自己变得更好，而不是羡慕别人的优点。在现实生活中，总有同学会对自己不满意，总是在羡慕别人的长处，而忽略了自己的优点。人的价值在于找到自己、悦纳自我、超越自我，在内省中学会自我控制，在超越自我的过程中实现人生价值。

思考与感悟

在成长的过程中，我们很少有机会能够好好地澄清自己、欣赏自己。在纷纷攘攘的生活中，我们也模糊了自己的特长，遗忘了自己的优点。这就需要我们重新认真地审视自己、肯定自己，经常鼓励自己，让自己变得更好。

通过前面的学习，同学们已经对自己有了初步的认识。我们一起来完成下列练习，重新认识这个全新的自己。

1.我最欣赏自己的外表是：____________________。

2.我最欣赏自己的优点是：____________________。

3.在学校的生活中，我最擅长的事情是：____________________。

4.在日常生活中，我最擅长的事情是：____________________。

5.我最欣赏自己在朋友交往中：____________________。

6.我最欣赏自己对求学的态度是：____________________。

7.我最欣赏自己对做事的态度是：____________________。

8.我最欣赏自己的性格是：____________________。

第二节

心有宝藏待发掘

人类的潜能是无限的，每个人都有着不同的潜力和天赋，但是很多人却无法发掘出自己的潜能，不知从何处入手，也就无从知道自己真正的能力和优势。只有掌握方法，突破自我，才能实现人生价值。在本节中，需要大家一起完成以下任务：

任务一　开发潜能（如图3-2所示）

1.发掘优点，建立自信。

2.接纳不足，提升自我。

3.正确认识，生活挫折。

4.掌握方法，调整自己。

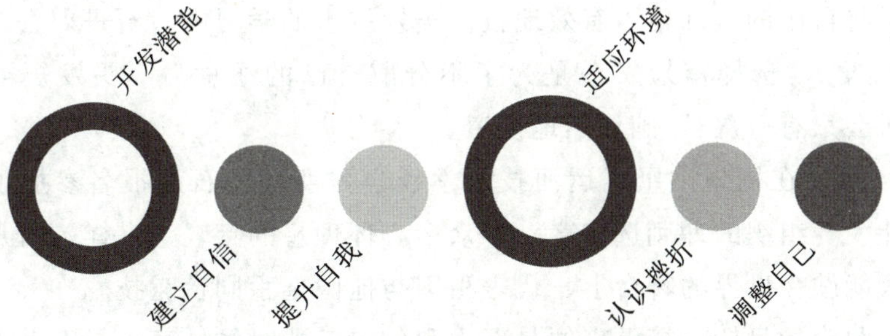

图3-2　心有宝藏待发掘课程目标示意图

良好的心理品质是一个人幸福生活的基础，是事业成功的关键。中等职业学校的学生会比普通高中的学生更早接触职业、进入社会，加上社会对职业学校仍旧存在一定的偏见，很容易让正处于青春期的学生产生动荡不安的情绪，并因此形成对应的不良性格特征。因此，对学生自信、自尊、自立等品质的培养尤为重要。我们相信，每一位同学都是亟待发掘的宝藏，只要找到适合自己的方向，每个人都能够在人生的舞台上发光、发亮。

案例导入

第45届世界技能大赛颁奖的那晚，喀山淅淅沥沥地下起了雨。由于美发项目的颁奖次序比较靠后，石丹一直坐在选手席中间，紧张而又耐心地等待。直到鲜艳的五星红旗出现在大屏幕上，她那颗一直悬着的心才终于放下。

身披国旗站在最高领奖台上，望着远处的中国代表团，那一刻，石丹突然觉得之前一切的辛苦和付出都是那么值得。

事实上，这个年仅21岁的姑娘此前已经在多项国际大赛上斩获金牌。而此次在喀山赛场，她更是将自己的经验和技术完美地展现给世界，最终以总分第一的成绩摘得桂冠。

从接触美发专业到登上世界大赛最高领奖台，回忆往事，她不禁感慨万千。

石丹出生于江西省鄱阳县双港镇一个普通农村，生活在劳动家庭的她自小深知技能的重要性，而她的父母也希望女儿能够拥有一技之长，进而立足社会。

也许是因为女孩子爱美的天性，在众多谋生行当中，石丹最终选择了美发与形象设计专业。“我在初中时就有较强的动手能力，没事的时候就喜欢拿起剪刀帮有需要的同学修剪头帘。”石丹笑道，“那时我怎么也不会想到，自己以后真的会从事这个行业。”

为了将自己的全部精力有效地投入美发技术的学习中，石丹剪去自己留了很久的长发。“选择留短发，是为了不分散自己的注意力。头发短了可以再长，但机会只有一次！”她释然地说道。

2014年，在杭州拱墅区运河技工学校学习期间，石丹报名参加了学校为世界技能大赛组织的冲刺选拔赛。和众多心怀理想的年轻人一样，石丹希望自己有一天能站在世界的舞台上，代表祖国与他国选手同台竞技。

有了明确的目标，接下来便是努力和付出。那时候她每天早上七点起床开始体能训练，白天就是对着无数的头模和染发膏不断练习，晚上十一二点才上床休息。

功夫不负有心人。在2015年第39届亚洲化妆发型大赛上，石丹凭借扎实的训练功底，一举拿下男士潮流修剪项目亚军。“这是我职业生涯中的第一个奖杯，它对我来说意义非凡。也是从那时起，我更加坚定了自己选择的路。”

但通往成功的道路不会永远一帆风顺，石丹也曾经尝过失败的滋味。两年前，在第44届世界技能大赛国家队“十进五”选拔阶段，石丹还处于排名第一。然而在接下来的“五进二”比赛中，她失利了，以第五名的成绩离开国家队。

“国家队只会选择一人参赛，只有成为国家队的最终成员，我才能真正踏上世界技能大赛的舞台。”石丹给自己施加了太多压力，她太想要成绩来要证明自己了，以致自己心态未能调节好，比赛过程中发挥失常，无缘世赛。

这对于当时不满20岁的石丹来说似乎是一个无法面对的事实。“特别不想让家人和老师失望。”那段时间，向来自信开朗的石丹情绪一度跌落到谷底，她把自己关在家里，除了姐姐不和任何人提起自己的状态。

在一个星期的休息整顿后，石丹回到了熟悉的校园。当见到自己的主教练吉正龙时，她忍不住哭了出来。教练等她情绪稳定后，拍着她的肩膀说：“你应该换种角度，抱着学习的心态去看待比赛，要在这个过程中不断地全面提升自己、做好每一款发型，而不是为了比赛而比赛。因为抛开比赛，这一身的技能是别人抢不走的。你要有自信，要为自己感到骄傲。”

逐渐地，在家人和教练的开导下，石丹重拾信心，以更加艰苦的姿态投入接下来的训练中。

“有时候会熬夜到凌晨，在训练室里躺一会儿，早上再接着干。”石丹说，“希望自己的作品能够更好、更完美，没日没夜地练，就是为了那么一点小满足、小成就感。”

所有的努力都没有白费，在第45届世界技能大赛美发项目全国选拔赛中，石丹以第一名的成绩获得了参赛资格，终于顺利加入国家队。

刚刚入队时，面对高强度的训练，她常常觉得力不从心。不仅要在技能上反复训练提升，还要每天依靠长跑来增强体能。这些对于一个年轻的女孩来说，无疑是精神与肉体的双重压力。有时面对一个难以解决的技术难题，她常常要攻克到每天凌晨一两点钟。

在赴俄罗斯备战决赛期间，长时间的训练使她常常站到腿抽筋，频繁使用剪刀也导致她的手腕患上了腱鞘炎。由于休息不够，炎症经常复发。甚至在比赛当天，她的左手都是肿的。

但石丹从未想过退缩：“我有目标，我真的很想靠自己的努力做出一番成绩。”

终于，在正式的比赛中，她竭尽全力，赛出自己最真实的水平，斩获美发组金牌。5年的艰苦学习与训练终于换得成功的喜悦，站在领奖台上的石丹再也抑制不住激动的心情：“我站在那里，代表中国拿到这块金牌，心情除了激动还是激动，就觉得这么多年所付出的一切都值得了。”

青年时期是每个人成长的重要时期。在这一时期，个人的智力、体力都会有明显的增长，对于自我的认识也发生了新的改变，开始更多地关注自己的容貌，体察自己的内心活动，关注自己的个性品质，通过对自我的审视和评价，青年慢慢发现理想和现实之间的距离，内心趋向于成熟，开始努力地追求自我完善。良好的自我意识是推动青年成熟的重要内驱力。培养良好的自我意识，可以从以下几个方面入手：

1.形成积极的自我观念。在正确认识、评价自己的前提下，发现自己的缺点与不足，了解自我完善的必要性和可能性，增强自我完善的自觉性。

2.提高自我设计能力。了解目标在个人发展中的重要作用，掌握选择目标的原则和方法，学会为自己选择正确的理想目标，制订合理的发展计划，提高自我设计的科学性与合理性。

3.增强自我调控能力。了解自我调控的目的，掌握自我调控的方法，提高实现目标、执行计划的自觉性与坚持性。

知识链接

任何人都不能否认一个事实：成功者所获得的一切成就，无论运用什么方法，都源自自己的“力量”。也就是说，宝藏其实就在自己的心中。我们所具有的良好的性格特征，就是我们最富潜力的“宝藏”。

什么是性格特征？

心理学家认为，性格特征就是一个人在现实的稳定态度和习惯化的行为方式中表现出来的个性心理品质。性格特征表现在人对现实的态度和行为方式中。人对现实的态度和与之相应的行为方式的独特结合，就是一个人与其他人不同的独特性格。

良好的性格特征是一个人幸福生活的基础，是事业成功的关键，其中最重要的三个品质就是自尊、自信、自强。

自尊是自我尊重并希望受到他人尊重的心灵。在生活中，自尊的表现除了整洁、干净的外在形象以外，还有对自己行为的约束。一个有自尊的人，除了爱惜自己，相信自己的价值以外，也能够接受自己的不足，并且努力进行改进。

自信是一个人相信自己能力的心理状态。自信的人相信自己有能力实现自己的目标，对自己的能力充满信心，能够全面、客观地评价自己、认识自己、接纳自己。首先，自信的人了解、认识自己的能力，能够积累、发现成长中每件事情的成功经验，并将其迁移到其他的方面；其次，自信的人也善于从别人的欣赏与认可中获取力量，当我们对自己没有把握的时候，他人的赞赏也能够帮助我们树立自信；最后，自信也是对责任的一种担当，自信的人通过承担一定的社会责任认识自己的价值，巩固自信。

自强是一种奋发向上、积极进取的精神，主要表现在面对困难不低头、不气馁、不丧失信心；对于生活自尊自爱、不卑不亢；面对事业志存高远、勇于开拓、积极进取。自强是一个人实现自我价值必备的心理品质，是实现理想与追求的重要心理品质。

课堂活动

活动一　国王的宝座

当国王坐在他的宝座上时，人们会给他礼物，称赞他，并且增强他已有的能力。做一天甚至一小会儿的“国王”，感觉都是很棒的。在这个游戏中，人们能变成“国王”，并且能够从坐在宝座上听取别人的赞美中感受到自尊的力量。

【活动目标】

通过听取别人的赞美来提升自尊。适宜自尊心不足、对接受别人赞美有困难的人。

【活动材料】纸、笔、椅子。

【活动流程】

1.游戏介绍。

2.给每人一张纸和一支笔。每个人都要为组里另外的每个人写下赞美的语句。等所有人都写好了他们赞美的语句，在小组中选一个人坐在大家都能看见的椅子（即“国王的宝座”）上，然后其他人轮流为坐在“宝座”上的“国王”读出自己写好的赞美之词。

3.让每个人都轮流坐在宝座上，让所有人互相读出他们赞美的语句。

4.讨论与交流。

讨论提示：

（1）当你坐在“宝座”上时有何感受？

（2）听到关于自己的赞美有何感受？

（3）为什么听别人赞美是很重要的？

（4）你平时听到的赞美多，还是否定的话语多？

（5）如果你平时听到的主要是否定的评价，你该怎样才能让自己处于一个能多听到赞美的的语句的环境中？

【活动总结】

自尊是一种内在的心理状态，它看不见、摸不着，然而，我们又可以随时随地感受到它的存在。希望得到尊重和赞美，是人们内心深处的渴望。我们在日常生活中，很多时候忽略了对别人的赞美和欣赏。我们应该学会发现别人的优点，发现生活中的美，让快乐的心态伴随我们的成长。

活动二　回溯时光，寻找自信

【活动目标】

通过回忆既往生活中的成功经验，培养自信。

【活动材料】白纸、笔、舒缓的音乐。

【活动过程】

1.播放音乐，随着音乐放松心情，慢慢进入回忆。

2.时光倒流，重回过去。

想想小时候或年轻时候的你。请回顾这样的一段时间，你在这段时间里学会了某种技能，而且从此以后都牢牢地掌握着它，直到现在你都未曾忘却如何运用它。这也许是你学会游泳、骑车或者是完成其他意义非凡的事情的时候。现在，仔细回想这些经历，想想孩童时代的你是如何应对这些事情的。

接下来在纸上写下一些词或短语，用于描述你当时应对那些事情的方法，并记录你面对那些全新挑战时的感受。

暂时不要往下阅读，先把这些词或短语列完。

现在，把你的思绪拉回到近期的某个时间段，回到你感觉缺乏自信心的时候。回顾一个让自己印象深刻的场景，在该场景中，你正在从事或者学习些新的东西，而自信心的缺乏让你无功而返、失望透顶。这个场景也许与你的学习有关，也许与你的生活有关，可以是你最近做的一个练习，也可以是你最近参加的一次活动，或者你和某人的一次争吵。

现在，请拿起笔，像之前一样在纸上写下一些词或短语，用于描述你当时应对的方法，并记录你面对这件最近发生的事情的感受。

写完之后，把两次分别写下的词或短语列表放在一起，然后认真地反思一下这些你用来描述两次不同经历时所用的词语。首先思考用于描述那次童年经历的词语。问问自己，这些词语所反映出的是怎样一种应对挑战的方式，它们体现出你当时的感受又是怎样的？

现在，看看纸上已经有的描述语句，它可能是这样的“很开心”“很有趣”“很有挑战性”“很享受”“很刺激”，或类似这样的短语“感觉无拘无束”“非常渴望去学”“迫不及待”。你也可能写下这样的词语“惴惴不安”“难于登天”“可怕”“危险”“怪不好意思的”“恼怒”“筋疲力尽”或“灰心沮丧”，甚至是这样一些短语、句子“不喜欢”“第一次无从下手”“发现要完成这项任务很难”。

对比两次记录下来的词句，看看都有哪些不同？它们都体现在哪些方面呢？看完以后，也可以问问自己，为什么会产生这样的差异，慢慢从中做出总结，以此概括并描述你在这两次经历中的不同感受和应对方式。把关于两次经历的词语列表的主要不同点写下来。这些不同能不能让你发现，在你小时候应对挑战的方式与你较近一次应对困难的方式的不同之处究竟在哪里？

3.讨论与交流，分享现在的心情。

【活动总结】

孩童时代的你不为任何事物所束缚，学习新事物如饥似渴，不管目标是否遥远，你都勇往直前。你拥有与生俱来的好奇心，也不害怕失败，这种内在的渴望主导并驱使你不断汲取新知识。你知道自己面对的是怎样的挑战，但你仍带着稚嫩的决心，迎难而上。

一般而言，用来描述童年经历的词语列表内容更加积极向上、热情洋溢、目标专注，也更为振奋人心。也许列表上面会有一些消极负面的词或短语，但关键是你的内心并不害怕，这些绊脚石无法阻挡你努力完成任务的步伐。如果小时候的你能如此勇敢无畏，那么成年的你没有理由不能像以前一样行事。既然小时候都能掌握这项技能，现在就更没理由说自己做不到。

所以，请你反思那些用于描述最近一次经历的词或短语，为什么它们会显得消极被动？你为什么会让它们妨碍你解决困难，让它们影响你的自信？请试着告诉自己，虽然情况发生了改变，但是我也更加成熟了，面对问题我仍旧能够克服，我的心态并没有任何变化，我不会畏惧这些问题，仍旧能用积极的态度正视它们、解决它们！

思考与感悟

自信是让人走向成功的第一要素，只有相信自己，才能激发进取的勇气，才能感受生活的快乐，才能最大限度地挖掘自身的潜能。每个人的自信在很大程度上取决于自己的心灵装填，有自信的人并非天生自信，他们的自信源自长期积极地维护与自我肯定；而缺乏自信的人也不是天生如此，如果长期缺乏自我肯定、自我激励，总是接受外界的消极评价，那么他就会失去对自己的信心。我们要学会自我激励与自我肯定，无论什么境况下都保持初心，完成自己制定的目标，给自己鼓励与肯定，用积极的正面暗示引导自己。

运用自我激励的时候要注意以下几点原则：

（1）简洁。用于自我暗示的句子要简洁明了，这样便于回想、重复，而且默读、朗读起来短促有力，能强化效果。比如“我能做好”“我一定能行”等。

（2）强化。需要反复强化，但不要总强调负面结果。我们不要总是给自己一些这样的提醒“昨天我就是在这里摔倒的”“这段路总是出交通事故”等等。因为越是这样，我们心里就会越紧张，而应多用些积极性的暗示，比如“走稳些就不会倒了”“经过这段路时应该减慢速度”等等。

（3）可行性。我们所使用的暗示语表达的意思一定是我们可能做到的，所确定的目标不是可以被自己的理智轻易否定的。另外所使用的暗示语要切合实际，往往使用带渐进意味的词语能收到较好的效果，比如“我一定能发挥好！”“我会更用功地读书和学习"“我身体会越来越健康”等等。

（4）形象化。我们在对自己做自我激励时，要在脑海里想象欲求的目标情景，很多目标可以转换成图画的，最好能将它画出来。不管是语句还是画面，最好把它贴在你经常看得见的地方。

（5）注入感情。要从内心认同并相信我们所确定的目标。当我们朗读或默读我们用作自我激励的语句时要把感情贯注进去，如果光动嘴、不动心，那是不会有结果的。只有将意念注入我们的情感，进入我们的潜意识，这些意念才能起长久的强有力的行为导向作用。

第三节

我心常为中国红

“少年智则中国智，少年强则中国强。”青少年是祖国的未来、民族的希望，是新时代的生力军。广大青年要把自己的理想同祖国的前途紧密联系在一起，让青春之花绚丽绽放。在本节中，需要大家一起完成以下任务：

1.探索符合社会主义核心价值观的职业理想。

2.发现自己的职业特长。

3.探索适合自己的职业理想。

案例导入

“杂交水稻之父”袁隆平常常说起自己的两个梦——“禾下乘凉梦”和“杂交水稻覆盖全球梦”。

1953年，从西南农学院遗传育种专业毕业后，袁隆平被分配到湖南安江农校工作。

“作为新中国培育出来的第一代学农大学生，我下定决心要解决粮食增产问题，不让老百姓挨饿。”

1956年，袁隆平带着学生们开始了农学实验。几年时间，袁隆平发现水稻中有一些杂交组合有优势，并认定这是提高水稻产量的重要途径。

1966年，袁隆平发表了论文《水稻的雄性不孕性》。这篇论文拉开了中国杂交水稻研究的序幕。

1973年，在第二次全国杂交水稻科研协作会上，袁隆平正式宣布籼型杂交水稻三系配套成功，水稻杂交优势利用研究取得了重大突破。

1981年，国务院将“国家技术发明特等奖”授予以袁隆平为代表的全国籼型杂交水稻科研协作组。

5年后，袁隆平正式提出杂交水稻育种战略：由三系法向两系法，再到一系法，即在程序上朝着由繁到简但效率更高的方向发展。

经过9年努力，两系法获得成功，它保证了我国在杂交水稻研究领域的世界领先地位。

1996年，中华人民共和国农业部正式立项超级稻育种计划。4年后，第一期每亩700千克目标实现。随后便是2004年800千克、2011年900千克、2014年1 000千克的“三连跳”。

1979年4月，杂交水稻国际学术会议上，袁隆平宣读了自己的论文《中国杂交水稻育种》，中国第一次将杂交水稻研究的成功经验传递给世界。

袁隆平著于1985年的《杂交水稻简明教程》，经联合国粮农组织出版后，发行到40多个国家和地区，成为全世界杂交水稻研究和生产的指导用书。

因为“为保障世界粮食安全和解除贫困展示了广阔前景”，并“致力于将杂交水稻技术传授并应用到包括美国在内的世界几十个国家”，2004年，袁隆平获得了世界粮食奖。

“发展杂交水稻，造福世界人民，是我毕生的追求和梦想”，袁隆平说。

资料来源　新华社2018年12月20日报道。

知识链接

职业理想是个人对未来职业的向往与追求。中国古语有云“士不可以不弘毅，任重而道远”。青年肩负着祖国的未来，需要在建设祖国的洪流中找到自己的定位，实现自己的梦想。

理想反映的是个人的追求，体现的是个人的抱负。理想就像人生海洋中的引航灯，指引我们沿着正确的方向创造美好生活。职业理想是个人发展的动力，具有社会性、时代性、发展性以及个体差异性等特点。

1.社会性：从业者通过自己的职业履行公民对社会应尽的义务，每种职业都有其特定的社会责任。职业理想的实现取决于一定的社会因素，只有社会稳定、经济发展，个人才有可能去追求职业理想的实现。

2.时代性：生产方式越先进，社会经济越发达，社会分工越精细，职业种类就越多；科学技术越进步，职业演化越迅速，人们选择职业的机会就越多。个人的职业理想既要符合时代的进步，也要适应职业所在行业的发展趋势和职业演变、岗位晋升的内在规律。

3.发展性：职业理想会随着社会进步、经济发展和社会阅历的丰富而不断发展，要善于审时度势地及时调整职业理想。

4.个体差异性：由于自身条件、所处环境的不同，每个人的职业理想也各不相同。知识结构、能力水平会影响职业理想的层次；思想政治觉悟、道德修养水准及世界观、人生观和价值观会影响职业理想的方向；性格、气质、人生经历、身体状况等也会影响职业理想的具体定位。只有那些从自身实际出发、适合自己的职业理想，才是最好的职业理想。

课堂活动

找到自己的职业兴趣

【活动目标】

完成自测，找到自己的职业兴趣。

【活动材料】

职业兴趣与能力测试题、纸、笔。

【活动过程】

1.按照要求完成自测：职业兴趣与能力自测题（见表3-1）。

说明：下面各题，请大家根据自己的实际情况进行回答：符合自己情况的，请选择“是”；不符合自己情况的，选择“否”；介于两者之间的，则选择“不确定”。

表3-1 **职业兴趣与能力自测题**

R型（技能型职业）						
1.你曾经将钢笔全部拆散加以清洗并能独立地将它装配起来吗？	是		否		不确定	
2.你会用积木搭出许多造型吗？常拼七巧板吗？	是		否		不确定	
3.你在中学里喜欢做实验吗？	是		否		不确定	
4.你喜欢尝试做木工、电工、车工、钳工、修钟表、印照片等其中的一件或几件事情吗？或你对织毛衣、绣花、剪纸、剪裁等很感兴趣吗？	是		否		不确定	
5.当你家里有些东西需要小修小补时（诸如窗子关不严了，凳子坏了，衣服不合身了等），常常由你来做吗？	是		否		不确定	
6.你常常偷偷地去摸弄不让你摸弄的机器或机械吗（诸如打字机、摩托车、电梯、机床等）？	是		否		不确定	

续表

7.你觉得身边有一把镊子或老虎钳等，就会有许多便利吗？	是		否		不确定	
8.看到老师傅在做活，你能很快、准确地模仿吗？	是		否		不确定	
I型（研究型职业） 1.你对电视或单位里的智力竞赛很有兴趣吗？	是		否		不确定	
2.你经常到新华书店或图书馆翻阅图书（文艺小说除外）吗？	是		否		不确定	
3.你常常会主动地去做些有趣的习题吗？	是		否		不确定	
4.你总想要知道一件新产品或新事物的构造或者工作原理吗？	是		否		不确定	
5.当同学或同事不会做某道习题请教你时，你能给他讲清楚吗？	是		否		不确定	
6.你常常对一件想知道，却又无法详细知道的事情想象出它将是什么或将会怎么变化吗？	是		否		不确定	
7.看到别人在为一个有趣的难题讨论不休时，你会加入进去吗？或者即使不加入进去，你也会一个人思考很久，直到你觉得解决了为止吗？	是		否		不确定	
8.看推理小说或电影时，你常试图在结果出来以前分析出谁是罪犯，并且这种分析时常和小说或电影的结果相吻合吗？	是		否		不确定	
A型（艺术型职业） 1.你对戏剧、电影、文艺小说、音乐、美术等其中的一两个方面较感兴趣吗？	是		否		不确定	
2.你常常喜欢对文艺界的明星评头论足吗？	是		否		不确定	
3.你曾参加过文艺演出或写过诗歌、短文被墙报或者报刊采用，或参加过业余绘画训练吗？	是		否		不确定	
4.你喜欢把自己的住房布置得优雅一些而不喜欢过分豪华而拥挤吗？	是		否		不确定	
5.你觉得你能较准确地评价别人的服装、外貌以及家具摆设等的美感如何吗？	是		否		不确定	
6.你认为一个人的仪表主要是为了表现一个人对美的追求而不是为了得到别人的赞扬或羡慕吗？	是		否		不确定	
7.你觉得工作之余坐下来听听音乐、看看画册或欣赏戏剧等是你最大的乐趣吗？	是		否		不确定	
8.遇到有美术展览会、歌星演唱会等活动，常有朋友来邀请你一起去吗？	是		否		不确定	
S型（社会性职业） 1.你常常主动给朋友写信或打电话吗？	是		否		不确定	
2.你能列出五个你自认为够朋友的人吗？	是		否		不确定	

续表

3.你很愿意参加学校、单位或社会团体组织的各种活动吗？	是	否	不确定
4.你看到不认识的人遇到困难时，能主动去帮助他，或向他表达你的同情与安慰的心情吗？	是	否	不确定
5.你喜欢去新场所活动并结交新朋友吗？	是	否	不确定
6.对一些令人讨厌的人，你常常会因为某种理由原谅他、同情他甚至帮助他吗？	是	否	不确定
7.有些活动虽然没有报酬，但你因为这些活动对社会有好处就积极参加吗？	是	否	不确定
8.你很注意你的仪容风度，这主要是为了让人产生良好的印象吗？	是	否	不确定
E型（企业型职业） 1.你觉得通过买卖赚钱或把钱存在银行生利息很有意思吗？	是	否	不确定
2.你常常能发现别人组织的活动的某些不足，并提出建议让他们改进吗？	是	否	不确定
3.你相信如果让你去做个体户，一定会发财致富吗？	是	否	不确定
4.你读书时曾经担任过某些职务（诸如班干部、课代表、卫生员等）并且认为干得不错吗？	是	否	不确定
5.你有信心去说服别人接受你的观点吗？	是	否	不确定
6.你的心算能力较强，不对一大堆的数字感到头疼吗？	是	否	不确定
7.做一件事情时，你常常在事先仔细考虑它的利弊得失吗？	是	否	不确定
8.在别人跟你算账或讲理由时，你常常能换一个角度考虑，从而发现其中的漏洞吗？	是	否	不确定
C型（事务型职业） 1.你能够用一两个小时坐下来抄写一份你不感兴趣的材料吗？	是	否	不确定
2.你能按领导或老师的要求尽自己的能力做好每一件事情吗？	是	否	不确定
3.无论填报什么表格，你都非常认真吗？	是	否	不确定
4.在讨论会上，如果已经有人讲过观点且与你不同，你就不发表自己的观点了吗？	是	否	不确定
5.你常常觉得在你周围有不少人比你更有才能吗？	是	否	不确定
6.你喜欢重复别人已经做过的事情而不喜欢做那些要自己动脑筋摸索着干的事吗？	是	否	不确定
7.你喜欢做那些已经很习惯的工作，同时最好这种工作责任小一些，工作时还能聊聊天、听听歌曲等吗？	是	否	不确定
8.你觉得将非常琐碎的事情整理好，或由于你的工作，使有些事情能日复一日地运转很有意思吗？	是	否	不确定

2.计算得分：回答“是”的题目得2分，回答“不确定”的题目得1分，回答“否”的题目得0分，然后依次计算每一组题目的总分（按照R、I、A、S、E、C分组）共6组，看哪组得分最高。

3.寻找每组对应的职业兴趣类型。

职业兴趣与能力自测题是根据霍兰德的职业类型理论编订而成的。美国著名职业心理学家约翰·霍兰德经过十几年的跨国研究，提出了职业人格理论。职业分为技能型（R型）、研究型（I型）、艺术型（A型）、社会型（S型）、企业型（E型）和事务型（C型）六大类别。而个人的能力与兴趣也可以分为这六种类别。

1.技能型（R型）。技能型的人喜欢有规则的具体劳动和需要基本技能的工作。这类职业一般是指熟练的手工业行业和技术工作，通常要运用手工工具或机器进行劳动。这类人往往缺乏社交能力。

技能型的人适合从事工匠、农民、技师、工程师、机械师、鱼类和野生动物专家、车工、钳工、电工、报务员、火车司机、机械制图员、电器师、机器修理工、公共汽车司机等工作。

2.研究型（I型）。研究型的人喜欢智力、抽象、分析、推理、独立的任务。这类职业主要指科学研究和实验方面的工作。这类人往往缺乏领导能力。

研究型的人适合从事自然科学和社会科学方面的研究人员、工程师、技术人员、飞机驾驶员、计算机操作员等工作。

3.艺术型（A型）。艺术型的人喜欢通过艺术作品来实现自我表现，爱想象，感情丰富，不顺从，有创造性，能反省。这类人往往缺乏办事能力。

艺术型的人适合从事室内装饰专家、摄影家、作家、音乐教师、演员、记者、作曲家、诗人、编剧、雕刻家、漫画家等工作。

4.社会型（S型）。社会型的人喜欢社会交往，常出席社交场所，关心社会问题，愿意为别人服务，对教育活动感兴趣。这类人往往缺乏机械能力。

社会型的人适合从事导游、福利机构工作者、社会学者、咨询人员、社会工作者、学校教师、精神卫生工作者、公共保健师等工作。

5.企业型（E型）。企业型的人性格外倾，爱冒险活动，喜欢担任领导角色，具有支配、说和言语技能。这类人往往缺乏科学研究能力。

企业型的人适合从事推销员、商品批发员、进货员、福利机构工作者、旅馆经理、广告宣传员、律师、政治家、零售商等工作。

6.事务型（C型）。事务型的人喜欢系统的有条理的工作任务，具有自控、友善、保守的特点。这类人往往缺乏艺术能力。

事务型的人适合从事记账员、银行出纳、成本估算员、核对员、打字员、办公室职员、统计员、计算机操作员、秘书、法庭速记员等工作。

【活动总结】

同学们可以参照自己的得分看看自己更适合哪些职业。当然，以上结果仅供大家参考，每个人身上都有无限的可能，如果你有更好的想法，也尽管去努力尝试，只要发自内心热爱自己的职业，那么无论从事什么工作，你都能做最好的自己。

思考与感悟

职业是人们维持生活、承担社会分工、发挥个人才能的重要社会活动。它能使每个人实现自我价值，创造社会价值。我们通过职业，获得维持生活的报酬；通过职业，发展自己，实现人生价值；通过职业，履行社会义务，承担社会责任。

中职阶段，每名学生都将面临以下重要的问题：我要从事什么样的职业？我要成为什么样的人？我们需要通过对自身和外界的分析，找到自己的职业理想，为自己确定未来的职业方向，了解职业、了解自己就显得尤为重要。

想一想：

我将来想要选择的职业：____________________。

这份职业最高职位是：____________________。

我适合这个职业，因为我在态度上：____________________。

我的个性特征：____________________。

我的能力活动：____________________。

我的职业兴趣是：____________________。

到目前为止，我已经为我的职业做了：____________________。

第四节

涓涓细流融为海

职业规划是“圆梦”的计划，是对自己职业发展道路的设想和规划，是对个人职业前途的展望与实践，是实现职业理想的前提与基础。在本节中，需要大家一起完成以下任务：

1. 根据自身特长，结合所学专业，明确未来的职业目标。

2. 制定职业生涯的长期目标。

3. 分段制定职业生涯的短期目标。

案例导入

说起品茶似乎有很多讲究，但你是否知道不光茶能品，酒能品，水也能品！

“品水”是个啥操作？

不久前，成都环境集团所属自来水公司的一位90后品水师王兰英就在网上火了。

成都环境集团所属自来水公司水二厂嗅味检测室内，王兰英一边娴熟地操作，一边向大家演示品水过程——依次装取原水、沉淀水、滤后水、出厂水到玻璃器皿内，然后轻轻将鼻子凑近瓶口，并用手快速扇动几下，完成冷水嗅味判定；再将4份水样加热至微沸，进行热水嗅味判定；随后取出厂水水样进行味觉检测；再取水样进行色度比对……

“我总结了感官指标检测的小技巧‘一闻、二尝、三观色’。”说起品水的门道，王兰英如数家珍，“闻，取水样后，根据不同的检测需求，分为冷水嗅味检测和热水嗅味检测；尝，取样后品尝自来水的‘味道’；观色，对各环节水样比对看色度。”

这一套检测流程，王兰英和同事每半小时就要做一次。从王兰英2013年进入自来水公司工作以来，“品水”这件事，她已经反复做了几万次。

王兰英是如何成为一名“品水师”的？长了一张娃娃脸的她害羞一笑，“可能是因为我比较有天赋吧”。

其实不然。《生活饮用水标准检验方法》将水的嗅味分为6个等级：0级无任何嗅味；1级嗅味微弱；2级嗅味弱；3级嗅味明显；4级有显著臭味；5级具有较为强烈的恶臭或异味。普通人只能辨别2～5级水，而0～1级的水，恐怕只有嗅味敏感的“品水师”才能够辨别。

嗅觉灵、味觉辨识度高、视觉好，也只是“品水师”的入门门槛。

2019年年初，成都环境集团所属自来水公司设立“品水师”岗位时，王兰英报名参选。记者了解到，要成为一名合格上岗的“品水师”，需要接受化验知识的专业训练，培训合格后再通过公司的嗅味检测能力测评机制，反复多次识别不同种类、不同浓度、带嗅味的盲样样品，选拔出嗅味辨别能力强的员工担任“品水师”，同时也会根据每年的测评结果进行动态调整。

对于获选“品水师”，王兰英坦言“其实挺有底气”。“在自来水公司工作的7年里，我一直坚守在水质检测一线岗位，接受了高强度的嗅味检测培训，反复训练和强化嗅味辨识，在4万余次的嗅味检测中建立起条件反射，能准确判断水体的各项感官指标。”

成为“品水师”后，工作对王兰英提出了更高的要求。

由于需要嗅觉和味觉保持高度敏感，日常生活中，“品水师”需要高度自律。“平常，我们不可以吸烟、喝酒，不能食用具有强烈气味的调味品（如大蒜），避免接触强烈挥发气味的物品（如香水、汽油）等，还有化妆品、护手霜等都要尽量减少使用。”

“说来你可能不相信，毕业前，我是一个十足的‘吃货’，最爱吃的就是火锅以及各种麻辣美食。”虽然不能像普通年轻女孩一样化妆打扮，还放弃了以前喜爱的“重口味”美食，但王兰英很乐观，她笑着说，“但这样省钱呀！”

“我的工作要靠鼻子和嘴巴，所以日常生活中要对它们‘精心呵护’。”王兰英说到这里，神情变得严肃起来，“这是我工作的需要，也是我们作为‘水质安全卫士’应该做的事情。”

诚然，感官的天赋让王兰英有机会成为“品水师”，但细心、耐心以及高度的责任感，才让她在这行愈走愈远。

职业生涯最重要的组成部分就是选择目标，根据职业生涯的目标进行生涯规划。在选择职业生涯目标的时候，我们需要根据本人实际、所学专业、发展机遇以及学校生活等方面的情况，进行具体目标的选择（如图3-3所示）。

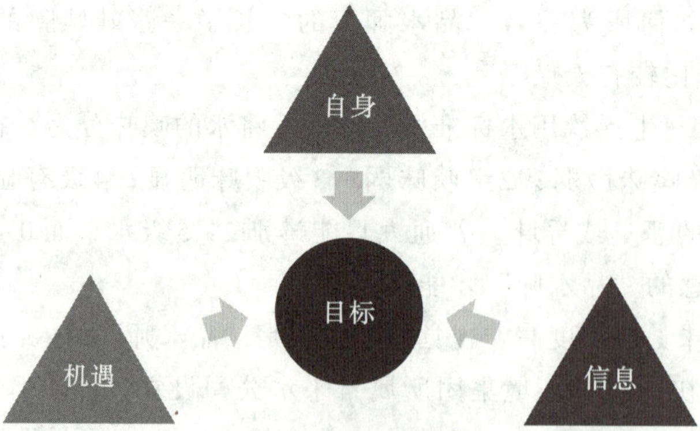

图3-3 目标分析的方法

知识链接

职业生涯是指个体职业发展的历程，一般是指一个人终生经历的所有职业发展的完整历程。职业生涯是一个人一生中所有与职业相联系的行为与活动，以及相关的态度、价值观、愿望等的连续性经历的过程，也是一个人一生中职业、职位的变迁及工作理想的实现过程。

简单说，职业生涯就是一个人终生的工作经历。一般可以认为，我们的职业生涯开始于任职前的职业学习和培训，终止于退休。

选择什么职业作为工作，对于每个人的重要性都是不言而喻的。

想要在职业生涯中获取成功，就需要我们了解职业生涯，提前对职业生涯进行规划。

职业生涯规划又叫职业生涯设计，需要把个人目标与组织发展目标相结合，顺应国家及地区发展的趋势，对职业生涯的发展进行设计与规划。职业生涯规划是在一个人职业生涯的主客观条件进行测定、分析、总结的基础上，对自己的兴趣、爱好、能力、特点进行综合分析与权衡，结合时代特点，根据自己的职业倾向，确定最佳的职业奋斗目标，并为实现这一目标做出行之有效的行动计划。规划职业生涯是一个职业探索与奋斗的征程，其目的就是争取最大的收益，少走弯路，不走错路，避免走回头路，选择走最佳的路径来实现职业理想，从而实现自我价值，促进和推动人生的发展。

1.职业生涯规划要从所学专业起步。了解专业和专业对应的职业群，明确本专业的培养目标、技能要求以及岗位需要。明确职业对从业者素养的要求、上岗需要的职业技能证书，了解专业晋升的渠道与所需要具备的能力。

2.职业生涯规划要立足本人实际。在进行职业规划以前要充分了解自己的优点和长处、职业兴趣、性格特征以及能力特长，根据自身特长确定发展目标。

3.职业生涯规划的起点是学校的学习生活。在进行规划以前，要正确面对自己的学习状况和行为习惯，发现自己的优点，了解自己的不足，通过日常学习与生活养成良好的习惯。

4.职业生涯规划要善于把握机遇。人的发展离不开自己的“根”，家庭中的人脉关系、家乡及周边地区的发展变化、行业发展的动向，都会影响职业生涯的发展，积极调查、捕捉发展机遇，将自己的事业融入区域和行业发展之中，是成功的“秘诀”。

课堂活动

活动一　生涯彩虹图

美国心理学家舒伯认为，一个人一生中扮演各种角色，就如同一条彩虹，同时具有许多色带。这些角色包括儿童、学生、休闲者、公民、工作者及家长等六项，六个角色主要活动在家庭、社会、学校及工作场所四个人生舞台上。

我们可以运用舒伯著名的生涯彩虹理论，画出自己最和谐的生涯彩虹，对自己的人生进行完美的规划。

【活动目标】

构筑长远的人生发展目标。

【活动材料】

彩虹图、彩笔。

【活动过程】

1.发放彩虹图空白图（如图3-4所示）。

2.在彩虹图中，有9个同心的半圆。请参照舒伯的生涯彩虹图，在彩虹的最外弧线上写上年龄，同心半圆中写上不同的生命角色。

3.根据自己的现实状况及预想的将来情况，判断在某个阶段你把主要经历和时间放在了哪个或哪些角色上，并把该角色弧形的相应年龄段涂上颜色。

4.画完所有年龄、所有角色的彩虹之后，现在来分析一下自己在某些角色上的时间段的精力投入是否符合你本身的期望。

5.思考与澄清：

答案没有对错，只是请你停下来思考一下：你的选择和自己的实际行动是否一致？与前后左右的同学交换自己的作品，看看别人的彩虹图中与你有哪些不同。别人的彩虹对你有什么启发和参考？

6.讨论与交流：与同学们一起讨论，你们现在正处于彩虹图的哪一段，讨论、交流现在进行职业生涯规划的必要性和重要性。

7.思考你的人生，完成一幅属于自己的生涯彩虹图（如图3-5所示）。

图3-4 生涯彩虹图空白图

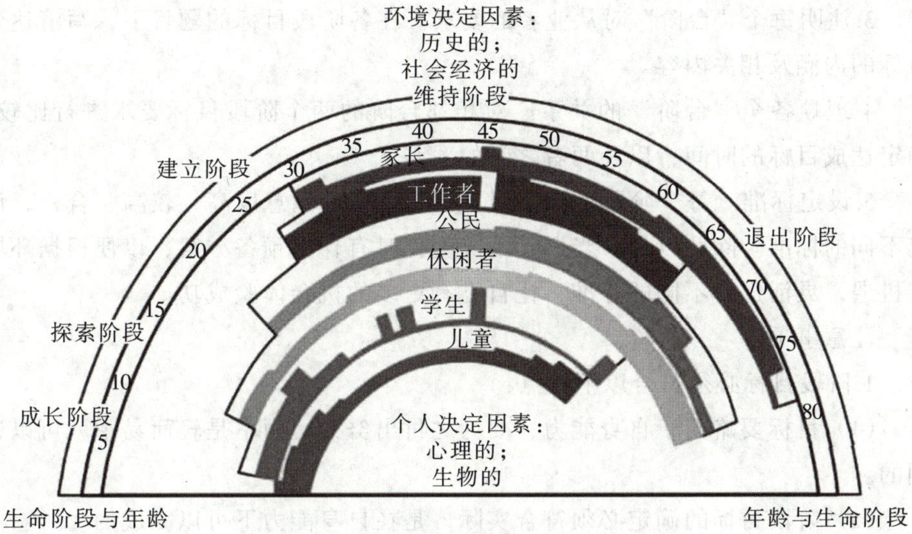

图 3-5　生涯彩虹图完成图（示范图）

【活动总结】

生涯彩虹图虽然是一张简单的图，但可以让学生明白人的一生中的基本角色，而这些基本角色对于每一个人，即一个个体而言，又都是不一样的，那么不一样体现在哪儿，这是我们应该重点关注的。

活动二　我的职业发展

职业目标设定的方法有很多，“倒计时”是其中常用的方法，即根据达到长远目标需要的台阶，一步一步地设计。在设计过程中，可以采取职位或职业资格标准为台阶，确定上每一个台阶的时间；也可以年龄或时间段为台阶，确定每个台阶要达成的目标。

【活动目标】

采取“倒计时”的方法设计近期和远期职业目标。

【活动材料】

纸、笔等。

1.确定长远目标。按照职业对从业者的要求，如职业资格、学历、专业知识、技能要求、工作经验等方面的要求，分析自己与这一长远目标的差距，将差距分类，并按照达到长远目标的关联程度排序。

2.“搭台阶”。以差距为依据搭建台阶，按照职位或者时间将差距分出阶段：如果按职位分割差距，则确定每一段台阶所需的时间；如果按时间分割差距，则需要确定每一段台阶需要完成的目标。确定好以后为各段目标起个简洁、明确、醒目、层次分明的标题。

3.注明每个“台阶”对从业者的要求。在各阶段目标的题目下，写清达到目标的内涵及相关内容。

4.理顺各个“台阶”的关系。对相邻台阶的两个阶段目标要求进行比较，确定达成目标的时间，以及两者之间的关系。

5.设定标准。每个阶段目标按照自我满意度：满意度高、较高、合格，设定不同的标准。除此以外，当遇到情况变化时有什么预备方案，以便根据环境与机遇，灵活选择不同的标准，让自己有更多的机会体验成功。

注意事项：

1.阶段目标必须符合以下特点：

（1）目标要略高于自身能力，要为之付出努力，而不是轻而易举就可以达到的。

（2）阶段目标的确定必须符合实际，是在自身能力下可以完成的。

（3）阶段目标必须明确，最好可以量化，这样能够直观地了解为了实现目标需要从哪些方面做出具体努力。

2.阶段目标必须具备以下几个要素：

（1）目标。目标应该是具体的职位、技术等级等。

（2）完成时间。达成目标需要有具体的起止时间。

（3）内涵。这一职位对从业者具体的要求以及完成目标后能够收获的回报，如薪酬水平、社会地位等。

（4）环境变化。达到这一目标可能遇到的外部环境，包括机遇与风险，同时应该有应对环境变化的备选方案与调整方法。

【活动总结】

目标制定是职业生涯规划的关键。制定目标有助于学生明确方向，指导学生的行动，采取“倒计时”的方法设计近期和远期职业目标，有助于时间的管理和安排，提高效率。倒计时设计帮助学生完成每个近期目标，激发动力，达成任务。

思考与感悟

中职生在学校学习，开始职业生涯第一步的过程，也是在职业生涯发展的高山上不断攀登的过程。当一个普通人有一颗伟大的心，他就成为自己的英雄。当我们每个人都脚踏实地地为梦想而努力时，我们就能汇聚成一股改变世界的洪流。为了更好地发展，我们需要认真地审视自己，缕清自己的职业梦想，明确个人的职业兴趣，发现自己的个性特点，培养良好的学习与行为习惯，按照自身特点设计职业发展目标，制定职业生涯规划，才能让自己的学习、工作、生活前进在幸福的道路上。

综合本章所学习的内容，请同学们结合自己的实际情况设计一份职业规划（见表3-2）。

表3-2　**我的职业规划设计**

姓名		性别		出生日期	
教育经历					

自我分析

我的兴趣	
我的性格	
我的能力	
我的职业价值观	
我的优势	
我的不足	

职业分析

我的专业目标	
我的职业目标	
家庭环境	
家乡环境	
行业环境	
从业要求	
行业发展趋势	

生涯目标

时间	目标	实施计划	完成标准	备用方案	评估反馈
短期1					
短期2					
短期3					
中期					
长期					

第四章　职场准备篇

第一节　我的角色我喜欢
第二节　求职就业好心态
第三节　职场适应有妙招
第四节　主动提升必成功

第四章　职场准备篇

第一节

我的角色我喜欢

从“学校人”到“职业人”是人生非常重要的一次角色转变，也是人生至关重要的一次飞跃。中职生在校期间做好从“学校人”到“职业人”角色转变的准备，才能在就业以后更快地适应职业生活，从容应对复杂多变的职业环境，抢先站稳脚跟，更好、更快地在职业生涯的阶梯上攀登。在本节中，需要大家一起完成以下任务：

1. 认识职业，明确“学校人”和“职业人”的角色差异。
2. 了解自己的职业认识程度和就业准备情况。
3. 了解自己面对变化时的心理状态。
4. 调试自我，积极准备，主动迎接角色的转变。

案例导入

李剑飞，一个荣获8个国家级竞赛大奖的在读研究生，7年铺就科创之路，他坚信，“一旦兴趣成为信仰，一切险阻都将化为坦途”。

“我从小就热衷于摆弄电子产品，一直梦想着大学毕业后成为一名电子工程师。”然而，中考时的李剑飞却遭遇了考试失利的打击，连普通高中志愿都没填的他，只能选择职高，但他没有气馁，选择了自己感兴趣的电气运行与控制专业。

凭借着对电子产品近乎痴迷的热爱，年仅17岁的李剑飞以编程满分的成绩荣获国家级竞赛大奖一等奖，第二年，他光荣卫冕。面临毕业的他，放弃良好的就业条件，再一次立志考大学，“高考时，我只填报了浙江师范大学应用电子技术教育专业这一个志愿，也是我唯一的一个志愿，我想把编程技术一直学下去”。最终，李剑飞如愿以偿。

成长之路难免有质疑与挑战，回忆起刚上大学的情景，他说：“当时我想参加大学生电子设计竞赛，却因为中职生和大一的身份，不被师兄们接收进团队。”李剑飞下决心自学专业知识，九个月的时间里，他每天“寝室—教室—实验室”三点一线，坚持学习10余个小时。比赛中，李剑飞以国赛第一的成绩打破了所有人对他专业能力不足的偏见。

“算上高中阶段，我已经在学科竞赛的道路上走过了7年，也在实验室‘住’了5年，获得了5个全国一等奖、2个全国二等奖。渐渐地，我发现实验室就像一把能让我摘到星星的梯子，总能让我看到有些比生活更远的东西。”李剑飞说。

面对已经取得的成绩，李剑飞表示，所有的成绩都是在实验室里堆积出来的。大学4年，李剑飞在家只待过3天，却在实验室待了10 000多个小时。也正是因为不懈地努力，他顺利通过了浙江大学电气工程学院免试攻读硕士研究生的面试。

李剑飞在分享活动时说道：“就读职高，并不意味着低人一等，如果你觉得你也可以做到别人能够做的，那么请挺起你的胸膛，有梦想就去追。当你蓦然回首的时候，一定不会感到后悔。”

很多同学在角色转换过程中有这样的心理矛盾：有远大的理想却不能正视现实；想做一番事业，却不愿艰苦奋斗；渴望在竞争中取胜，却没有竞争的勇气和能力。大浪淘沙、适者生存。只有像李剑飞一样，不管是在哪一个阶段都能主动迎接变化，面对现实，积极适应新角色，努力学习知识、训练技能，踊跃参加实践，不断提高自己的职业素养，才能在未来的职场占得先机。

知识链接

“学校人”和“职业人”是两个不同的角色：“学校人”通过努力学习获取今后能在社会上生存、发展的技能，主要扮演“获取”的角色；“职业人”通过自己的职业活动，为他人服务，为社会做贡献，并获得报酬，主要扮演“付出”的角色。

从“学校人”到“职业人”是人生的一大飞跃，这个过程需要完成四大转变：

第一，成长导向到责任导向的转变。“职业人”以特定的身份去履行自己的职责，依靠自己的本领去为社会服务，完成社会分工中应尽的职责。对一个“职业人”来说，承担并履行职业责任是非常关键的，是从“学校人”向“职业人”角色转换的基础。

第二，个性导向到团队导向的转变。现代企业重视团队精神，重视员工之间的合作和企业的凝聚力。具有团队精神，在团队中明确自己的位置，处理好与团队其他成员的关系，是成功“职业人”的重要特征。

第三，思维导向到行为导向的转变。“学校人”的学习活动以思维为主，主要特点是“想”，“职业人”的职业活动以行为为主，主要特点是“做”。有行为就有相应的后果，职场基本上不允许犯错，因为一旦犯错，将带来不良后果，就要接受相应的惩罚。

第四，智力导向到品德导向的转变。良好的道德品质是用人单位最看重的职业素养。中职生在学生时代就应该“德”“智”并重，把“做人”“做事”融合起来，为职业生涯的顺利起步做好准备；进入工作岗位后要尽快熟悉和掌握行业道德规范，并以此来约束自己，在“做事”的同时“做人”。

课堂活动

进入中职学校后，很多同学失去了理想目标，不知道学习的目的是什么，也不知道自己将来的出路在哪里。你身边是否有持有这样想法的同学：

我家里条件好，我妈说了，根本不需要我去工作赚钱。

我才十六岁，就业的事儿太遥远，想那么早干什么？

顺其自然就好，学校不是说推荐用人单位吗？总之能有个活儿干就是了。

我爸说，我啥都不用管，到时他替我安排。

……

同学们，从业阶段是每个人都无法跨越的一个至关重要、持续时间很长的阶段。现在的你，是否了解职业对我们而言意味着什么？你知道“学校人”和“职业人”有着怎样的区别吗？你知道该如何面对从“学校人”到“职业人”的变化吗？接下来我们一起探索这些问题。

活动一　栽种职业树

职业是指人们从事的相对稳定、有合法收入、专门类别的社会劳动。职业与我们的生存、生活和发展密切相关：我们通过职业活动满足各种需要，其满足的程度取决于职业生涯发展的程度。职业与我们的心理健康密切相关：通过职业活动，我们完善和发展自我，获得精神上的愉快和满足，保持与现实环境的接触，精神世界更加丰富，我们更好地适应社会，生活得更加快乐，身心更加健康。职业与我们的人生价值、人生理想的实现密切相关：我们通过职业活动获得不同的社会角色，得到社会的认可，提升自我价值，最大限度地实现人生价值和人生理想。

【活动目标】

探索职业与个人的学习、生活和成长的关系，思考“学校人”与“职业人”的差异，了解自己是否做好了就业准备。

【活动材料】

大白纸、记号笔、彩笔。

【活动过程】

1.分组，选出组长。

2.组内交流。

交流内容：

（1）结合所学专业，说说首次就业的理想工作岗位。

（2）畅想踏入理想工作岗位后你会有哪些收获，发生什么可喜的变化。

（3）思考你需要做什么才能得到这些收获，发生可喜的变化。

（4）在交流过程中组长记录和梳理组内成员的想法。

3.组长组织成员共同画出本组的职业树，并简要标注相关文字内容。

（1）树干部分写上各自的理想岗位。

（2）树上结出的果实即收获和可喜的变化。

（3）树根和地面部分写上需要怎样做才能获得以上收获，发生可喜的变化。

（4）各组组长上台展示本组的职业树，阐述职业树的树根和地面部分、树干部分、树上结出的果实都包括哪些内容。

4.讨论。

讨论提示：

（1）在绘制职业树的过程中，你觉得哪一部分内容完成得比较困难？为什么？

（2）你觉得“学校人”和“职业人”有何差异？

（3）结合自己的实际情况，你觉得自己是否做好了从“学校人”到“职业人”角色转变的准备？

【活动总结】

“学校人”和“职业人”是两个不同的角色，“学校人”主要扮演“获取”的角色，“职业人”主要扮演“付出”的角色。从“学校人”到“职业人”需要完成四大转变：从成长导向到责任导向的转变，从个性导向到团队导向的转变，从思维导向到行为导向的转变，从智力导向到品德导向的转变。

通过活动可以看出，确有一些同学对职业有相对清晰的认识，但也有相当一部分同学对职业的理解很肤浅，不够深入和全面。有的同学的理想岗位脱离所学专业，过于理想化甚至是空想；有的同学对于职业的理解单纯停留在经济收入上；有的同学不清楚职业角色对学生有着怎样的要求，更不知道如何才能在职场立足和发展。究其原因很大程度上是等、靠、要的依赖心理和从众心理作怪。

有的同学存在依赖心理，觉得自己可以等学校推荐、依靠家人安排，甚至可以靠家庭养活自己，总之一切顺其自然就好，不用过多考虑，也不需刻意做什么。建议这些同学通过参与社会劳动、勤工俭学，多与他人交流，日常生活中对从业人员、退休人员的观察等直接或者间接的方式，了解大众疾苦和社会现实，认识职业对个人生存发展的重要性，明确职业是需要自己为之打拼的，克服依赖心理，提前为就业做好准备。

有的同学存在从众心理，“随大流”，看到别人单纯地享受校园生活、丝毫不关心将来和就业，就盲目效仿，怀疑并改变自己的想法和行为，而不考虑自身的实际情况和社会现实。这些同学需要努力培养和提高自己独立思考、明辨是非的能力，既要慎重考虑多数人的意见和做法，也要有自己的思考和分析，从而做出正确判断，并以此来决定自己的行动。

活动二　你是“谁”？

《谁动了我的奶酪?》是美国作家斯宾塞·约翰逊创作的一个寓言故事。书中主要讲述4个“人物”——两只小老鼠“嗅嗅”“匆匆”和两个小矮人“哼哼”“唧唧”找寻奶酪的故事。

两只小老鼠“嗅嗅”“匆匆”和两个小矮人“哼哼”“唧唧”生活在一个迷宫里，奶酪是他们要追寻的东西。有一天，他们同时发现了一个储量丰富的奶酪仓库，便在其周围构筑起自己的幸福生活。很久之后的某天，奶酪突然不见了。这个突如其来的变化使他们的心态暴露无疑：“嗅嗅”“匆匆”随变化而动，立刻穿上始终挂在脖子上的鞋子，开始出去再寻找，并很快就找到了更新鲜、更丰富的奶酪；而两个小矮人“哼哼”“唧唧”面对变化时却犹豫不决、烦恼丛生，始终无法接受奶酪已经消失的残酷现实，经过激烈的思想斗争，“唧唧”终于冲破了思想的束缚，穿上久置不用的跑鞋，重新进入漆黑的迷宫，并最终找到了更多、更好的奶酪，而“哼哼”却仍在郁郁寡欢、怨天尤人，甚至自欺欺人，幻想着有一天失去的东西会再回来，饥肠辘辘地在原地苦等永不复返的奶酪。

【活动目标】

通过角色扮演和讨论，思考我们应该如何面对日常生活、学习和工作中的变化。

【活动材料】

奶酪、名帖、鞋子。

【活动过程】

1.选出5名同学，其中1人旁白，另4名同学分别扮演小老鼠“嗅嗅”“匆匆”和小矮人“哼哼”“唧唧”。

2.4名同学按照剧情进行表演，重点表现“奶酪突然不见”后的状态和行动，突出体现他们的心理变化。

3.讨论。

讨论提示：

（1）“奶酪突然不见”后，“嗅嗅”“匆匆”和“哼哼”“唧唧”的不同反应说明他们分别是怎样的心理状态？

（2）你觉得自己面对变化时的心理状态更接近他们中的哪一个？你更期待自己是他们中的哪一个？为什么？

【活动总结】

故事中的四个人物分别代表了几种不同的心理状态（如表4-1所示），同学们会在其中某一个角色的身上找到自己的影子，清楚地看到自己面对变化时的心理状态。

表4-1 不同人物代表的心态

人物	代表的心态
嗅嗅 匆匆	积极向上的一类人。他们未雨绸缪，往往能及早预见变化，尽快适应变化，及时改变行动，善于在变化中寻找机遇
唧唧	乐意接受改变的人。他们起初不懂得应对变化，也曾手足无措，也曾幻想，也曾抱怨，但在承受了一成不变带来的困扰后，能及时调整、接受变化，最终让自己越来越好。这是我们需要加以赞赏并鼓励的一类人
哼哼	墨守成规、拒绝改变的人。他们习惯于一成不变的事情，厌恶改变，即便已经受到伤害也不会轻易变化

我们都期待自己是“嗅嗅”“匆匆”那样未雨绸缪的行动派，或者至少是那个经过挣扎后选择勇于面对变化，愿意改变自己的“唧唧”，但如果我们现在只是那个迟迟不肯迈出改变步伐的“哼哼”呢？我们要明白，在瞬息万变的信息时代，变化是一种必然，这是我们无法改变、必须面对的社会现实。恐惧改变是脱离舒适环境的本能反应，改变的最大的障碍来自本身。与其抱怨，不如改变；与其因改变而痛苦，不如学着享受改变的过程。我们要消除自己身上的惰性，积极参与社会实践，在实践中磨砺自己，不懈怠、不放松，不在安逸的环境中消沉，以强大的内心和实力，让自己在变化的世界中占得先机。

活动结束后，请大家继续思考：

结合这个故事，说说我们应该如何面对从“学校人”到“职业人”的角色转变？

在中职学习期间，我们要认真学习每门课程，及时完成学校、老师、班级交给的任务，有意识地培养自己的责任感；积极考取未来工作岗位所需的职业资格证书，重视在劳动、实训、实习中学习知识，训练技能，磨练自己；积极争取参加社会实践的机会，提高职业角色的实践能力，为将来的职业生涯发展做好准备。

思考与感悟

职业是获取报酬、维持生存的手段，为我们发展自己、实现自我提供了机会，是我们实现人生抱负、为社会做贡献的平台。通过前面的学习，同学们已经对职业和职业人有了一定的了解，接下来我们以表格的形式梳理一下自己的差距，制定具体的措施，为“学校人”到“职业人”的角色转变做好准备（见表4-2）。

注意：“职业人”的岗位要求要与自己首次就业的岗位相结合。

表4-2 **面对角色转变的具体措施**

职业要求	我的差距	改进措施
责任导向		
团队导向		
行为导向		
品德导向		

第二节
求职就业好心态

求职就业是每个人人生道路上的一次重大抉择，意味着从此将自谋生路。有抉择就会有思考和困惑，中职生年龄尚小，在就业方面的心理准备不足，遇到问题、困难和挫折时，更会茫然、困惑、不知所措，甚至出现焦虑、抑郁等心理问题，如何在求职就业中保持积极而稳定的心态显得尤为重要。在本节中，需要大家一起完成以下任务：

1.理解竞争与合作的重要性，正确看待竞争与合作的关系。

2.树立竞争意识和合作意识，培养团队合作精神。

3.通过情景模拟，了解中职生在求职就业中常见的心理误区。

4.以积极理性的心态面对求职就业，正确面对挫折。

案例导入

史蒂夫·乔布斯从22岁就开始创业，仅仅用了4年时间，就把苹果公司打造成一个市值高达20亿美元的大企业，员工达到4 000多人。乔布斯本人也拥有了2亿多美元的财富，被许多媒体称为创业奇才。

但接下来，乔布斯遇到了一件匪夷所思的事情——他被人赶出了自己一手创办的公司。这件事听起来离奇，其实有很大的必然性。

乔布斯年轻气盛，管理风格以火爆著称。在苹果公司，他就像一个高高在上的国王，目空一切，不把手下的员工当回事。苹果公司的员工都像躲瘟神一样躲着他，甚至不敢和他同乘一部电梯，唯恐还没有出电梯就被乔布斯炒了鱿鱼。

最后，乔布斯的跋扈令他亲自聘请的优秀经理人斯卡利忍无可忍，加上在公司前景方面的看法不一，两人的矛盾逐渐升级。斯卡利公然宣称："苹果公司如果有乔布斯在，我就无法执行任务。"

鉴于两人已势同水火，公司董事会被迫在他们之间做一个取舍。结果，董事会站在斯卡利一边，因为他更善于团结员工，鼓舞大家的士气。史蒂夫则被解除了一切实权，只保留了董事长这一闲职。这一年，乔布斯30岁。

乔布斯后来回忆说："我失去了贯穿在我整个成年生活的重心，打击是毁灭性的。"

在被踢出局的头几个月，乔布斯真不知道要做些什么，他甚至想过要逃离硅谷。但最终他决定在哪儿跌倒，就在哪儿爬起来。

被苹果公司解雇这件事，后来在乔布斯看来，是他所经历过的最棒的事情。因为他得以重新审视自己的价值，并以自由之躯进入人生最有创意的时期。他又建立了几家公司，后来其中一家被苹果公司收购。于是在1996年，苹果公司重新雇用乔布斯作为兼职顾问。

此时苹果公司处于低谷期，运营情况每况愈下，财务开始萎缩。1997年9月，乔布斯重返苹果公司担任CEO，开始对公司进行大刀阔斧的改革。终于在次年第四个财务季度创造了近两亿美元的利润，带领苹果公司走出了低谷。

重返苹果公司的乔布斯已年届中年，当初被董事会炒鱿鱼的一幕仍历历在目，而且他还经历了一次癌症的打击，去鬼门关走了一遭。因此，他的性情改变了很多。即便因企业改组的需要，必须解雇一批员工时，他也显得相当谨慎，甚至称得上"感情用事"。

他说："我告诉你一个例子，这或许能改变你看问题的方法。一旦你有了孩子，就会自然而然地意识到人人都是父母所生，应该有人像爱自己的孩子那样爱他们，这听起来并不深奥，但许多人忽略了这一点。因此现在对我而言，解雇苹果的员工要比以前痛苦许多，但我没有办法，这是我的工作。我设身处地地想象他们回家告诉妻儿自己被解雇的情景，我从来没有像现在这样感情用事过。”

乔布斯，当年那个人见人怕的“瘟神”，成了一个“心慈手软”的人了，但令人诧异的是，这种改变令他比以前更加成功，也更受人爱戴。

才华横溢的史蒂夫·乔布斯一手创建了苹果公司，是公司的头等功臣，但他由于特立独行，拒绝与人团结合作，结果被自己公司的董事会抛弃。幸亏乔布斯及时改变了自己，否则世界上又要少一位连比尔·盖茨都钦佩的天才，而多一个桀骜不驯的“害群之马”了。

知识链接

我国实行积极的就业政策，通过劳动单位自主用人和劳动者自主就业，促进劳动者和用人单位的双向选择。认真做好就业准备，掌握恰当的求职技巧，充分展示出自己的才能和优势，是成功就业的前提和基础。

在社会竞争激烈的状况下，要调整好自己的求职心态，学习运用求职技巧，善于自我推销；要消除畏惧心理，积极地向用人单位推销自己、展示自己，尽量给对方留下良好的第一印象；要根据对方的需要推销自己，即针对用人单位的具体要求，强调自己的优势；要扬长避短地推销自己，即了解用人单位看中的是什么，再针对自身进行比较，并有意识地向用人单位展现。

求职就业中应避免以下情绪：

1.焦虑

焦虑是一种复杂而常见的负面情绪，是一种类似担忧的反应或是自尊心受到潜在威胁时而产生担忧的反应倾向，是个体主观上预测将会有某种不良后果产生时的不安感，是紧张、害怕、担忧混合的情绪体验。研究发现，适当的焦虑水平可以使人维持相对的紧张状态，注意力高度集中，这种情况是有利于学习和工作的。但是过度的焦虑则会产生负面的影响，进而会阻碍在学习工作中的正常发挥。

2.自卑

自卑是指个体主观上对自己评价过低，觉得自己能力不如别人而产生的由怨恨、痛苦、消沉、悲观、失望等组成的复合情绪。自卑心理严重的人并不一定是能力非常差或者身体上有很大的缺陷，而是不能够客观地评价自己，不能主动地接纳自己。

3.抑郁

抑郁，是一种显著而持久低落的心境状态，具体的表现包括情绪低落、思维缓慢、对什么都提不起兴趣、注意力无法集中、不爱与人交往、记忆力下降、学习效率下降。一般来说，这种情绪多发生在性格内向、孤僻、敏感多疑、依赖性强、不爱交际、生活遭遇挫折、长期努力得不到回报的人身上。

课堂活动

求职是求职者和用人单位双向选择的过程。在求职的过程中，中职生要经历一系列考验，面对理想、专业、兴趣和社会需要、用人单位需要之间的矛盾，心理素质必定会经受巨大的考验。中职生要学会自我调适，以积极而稳定的心态助力求职就业。

活动一 虎口逃生

一个玻璃瓶，瓶口很小。里面放着4个刚好能单独通过瓶口的小球，每个小球上各系一根细线，线的另一端露出瓶口。瓶子代表老虎，4个小球代表被老虎追赶的4个人。5秒内，手握细线的人将自己的小球拉出瓶口才能获得生存的机会。

【活动目标】

通过活动思考个人和他人、个人和团队的关系，增强竞争意识和合作意识，培养团队合作精神。

【活动材料】

计时器、窄口瓶若干、彩色小球若干（每个球上穿着一条细线）。

【活动过程】

1.分组，每组4人。

2.老师计时，各组比赛。

3.讨论。

讨论提示：

（1）各组比赛中，逃生失败的原因是什么？成功逃生的法宝是什么？

（2）这个活动告诉我们个人和他人、个人和团队之间是怎样的关系？

（3）未来的求职就业和职场打拼中，我们应该如何处理这种关系？

【活动总结】

当今社会要求我们具备竞争意识。竞争是促进发展与完善的前提条件，有竞争，人才会奋发图强，不断成长，群体才会创造出更多的成绩。我们要正确面对竞争，树立积极参与竞争的意识，坚定参与竞争的勇气和信心，锻炼面对竞争中成与败的良好心理素质，让自己在竞争中成长、变强。

当今社会要求我们具备团队合作精神。一个人要想成大事，必须学会合作，一方面可以弥补自己的不足，另一方面可以形成合力。一个人如果没有团队精神，则难成大事；一个企业如果没有团队精神，就是一盘散沙。衡量一个人工作表现的优劣，有时并不能仅看这个人的工作业绩，还要看他是否善于与人合作。

竞争与合作并非绝对的非此即彼，而是辩证统一的整体，正所谓“竞争中有合作、合作中有竞争”。具备良好的竞争意识和团队合作精神，正确处理竞争与合作的关系，我们就有机会获得“双赢”，而非两败俱伤。在日常生活和学习中，我们既要不断增强竞争意识和竞争能力，又要注意培养自己的团队合作精神和团队合作能力，以便将来更好地在职场立足和发展。

活动二 求职心态面面观

某中职学校举办校园招聘会，吸引众多毕业生前往。

小刘：穿着职业装，拿着精心准备的简历，自我介绍练得很顺畅，对面试的岗位有一定了解，自我感觉准备很充分，相信自己能被录用。

晓东：穿着职业装，拿着简单填写的一纸简历，信誓旦旦地说“我口才很好的，简历随便写写就行，其他临场发挥就够了。这么多岗位，大不了我挨个试试，肯定不会空手而归”。

小美：穿着时髦，精心打扮了一番，边晃着手中的简历边说“我看好的那个岗位专业对口，离我家还近，工作压力也不大。如果工资不少于5 000元，我就去，工资太低的话我可不干”。

小安：穿着职业装，看起来很紧张，不时看一眼简历，嘴里默念着自我介绍，心里还在纠结：“这次面试上了，以后再有更合适的岗位咋办？这次没面试上，下次没有这么好的机会了，又该咋办？”

小川：穿着职业装，拿着抄来的一纸简历，并不确定自己要面试哪个岗位，也没做任何准备，他说“我懒得操心，反正同学们去哪儿我就去哪儿，这样工作时还有个伴儿，挺好”。

很快，5个人陆续结束了面试，他们的面试结果和状态会是怎样的呢？

【活动目标】

通过角色扮演体验求职面试，分析求职心理和求职结果的关系，探索如何调整求职心理，如何正确面对挫折。

【活动材料】

面试服装、简历。

【活动过程】

1.选出5名同学分别扮演小刘、晓东、小美、小安和小川，按照既定情境设计接下来的剧情并进行表演，重点表现“求职成功或失败”后的状态和行动，突出体现求职前后的心理变化。

2.讨论。

讨论提示：

（1）分析5名同学的求职心理及其利弊。

（2）5名同学求职的成功或失败与他们的求职心理有没有直接关系？

（3）说一说，怎样的求职心理比较可取？

【活动总结】

有就业指导专家指出，心态问题已成为毕业生就业的第一大障碍。有的毕业生存在自负心理，幻想一步到位找到满意的职位和工作，不肯调整求职目标，做出适当的妥协和让步，容易错失良机；有的毕业生存在自卑心理，对自己的评价过低，受挫后对自身能力产生怀疑，面试中畏首畏尾，影响自我展示和推销；有的毕业生存在焦虑心理，既渴望就业又担心被拒绝，既想尽快就业又怕选择草率，错过更好的机会，造成过度焦虑、精神紧张；有的毕业生存在依赖心理，自己缺乏独立的见解，不是从自己的实际情况做出切合实际的选择，而是人云亦云，往往导致时间和精力的浪费，不仅不能发挥自身优势，反而错失最佳就业时机；有的毕业生容易陷入抑郁，在就业受挫后不能正确调整心态，情绪低落，不思进取，甚至听天由命、怨天尤人，影响接下来的求职。

中职生要充分认识到心理因素在求职中的重要性，客观分析自己的求职心理，有效调节消极心态，努力培养积极心态。中职生在求职面试前要调整好心态，盲目自信不可有，自卑畏怯要克服，患得患失不可取，依赖心理要杜绝；既要积极准备、努力争取，也要做好可能失败的心理准备，毕竟就业是双向选择的结果。

活动结束后，请大家继续思考：

求职过程中遇到挫折时，我们应该如何调节自己的情绪？

遇到困难和问题时，不惧怕、不急躁、不消极，提高自我调适的能力，有效地排除心理障碍，积极地面对才是良好心态。即使暂时失败了，也要对自己做出客观的分析，尽快找到失败的原因，积极调整自身定位，以积极、乐观的心态投入下一次求职面试。遇到挫折后可以通过自我转化、松弛练习、自我慰藉等进行自我调适；也可以寻找健康的方法，如向好朋友倾诉，同学之间相互鼓励，多交流找工作的经验，参加体育运动等，以宣泄不良情绪。

思考与感悟

中职生要从自身实际情况出发，客观地分析自己和外部环境，积极调整自己的就业心理，有效地排除心理问题，从而保持一种稳定而积极的心态，做好就业准备，达到合理择业、顺利就业和健康成长的目的。接下来，我们一起梳理以下问题：

1.求职面试前我们需要做好哪些心理准备？

2.求职过程中遇到难以抉择的问题时，我们应该怎么解决？

3.求职面试中我们需要注意哪些问题？

第三节

职场适应有妙招

职业发展道路从来都不是一帆风顺的。青年时期多经历一点摔打、挫折、考验，有利于走好一生的路。要历练宠辱不惊的心理素质，坚定百折不挠的进取意志，保持乐观向上的精神状态，变挫折为动力，用从挫折中吸取的教训启迪人生，使人生获得升华和超越。在本节中，需要大家一起完成以下任务：

1.了解情绪和信念的关系。

2.学会识别情绪、转化情绪。

3.认识压力和挫折的必然性与两面性。

4.以平和的心态、积极和理性的方式去应对压力和挫折。

案例导入

伟大的音乐家贝多芬一生创作出大量流传千古的交响乐，被后人夸为“交响乐之王”。然而，贝多芬的一生充满了痛苦。父亲的酗酒和母亲的早逝，使他失去了童年的幸福。别的孩子还在无忧无虑地享受欢乐和爱抚的时候，他却得像成年人一样承担起整个家庭的重任，并且成功地维持了这个差点陷入破灭的家庭。

正当贝多芬处于青春年华时，他失意孤独；正当贝多芬步入创造力鼎盛的中年时，他又患耳疾，双耳失聪。对于一个音乐家来说，还有比突然耳聋的打击更沉重的吗？贝多芬一生中几次濒于崩溃的境地，他在三十二岁时就写下了令人心碎的遗嘱。然而，他顽强地抵抗住了命运的打击，大声呼喊：“我要扼住命运的咽喉，它决不能把我完全打倒。”即便是在困难重重、最痛苦的时候，他还是凭着自己的坚强斗志完成了清明恬静但又激昂奋进的《第二交响曲》。

贝多芬一生历经无数挫折磨难，但是，每一次痛苦和哀伤在经过他的搏击与战斗后，都化为欢乐的音符，谱写成壮丽的乐章。一个饱经沧桑和不幸的人却终生讴歌欢乐，鼓舞人们勇敢向上，这是何等超人的勇气，何等坚毅的精神，何等伟大的人格！贝多芬的日记里，永远记着一句话，那就是："谁想收获欢乐，那就得播种眼泪。"的确，贝多芬的一生，本身就是一部同世界、同命运、同自己的灵魂进行不懈斗争的雄浑宏伟的交响曲。

"人生不如意事十之八九"，挫折是普遍存在的，任何人的一生都不可能一帆风顺。挫折既是好事，也是坏事。它一方面使人失望、痛苦，令人消极、颓废，甚至使某些意志薄弱者因此失去对生活的希望；另一方面，它又给人以教益，使犯错误者猛省，认识错误，接受教训。它能磨砺人的意志，使人更加成熟、坚强；它能激励人发奋努力，从逆境中奋起。真正的强者，不是没流眼泪的人，而是含着眼泪奔跑的人。

知识链接

情绪ABC理论由美国心理学家埃利斯创建，其中：A是指诱发性事件；B是指个体在遇到诱发事件之后相应而生的信念，即他对这一事件的看法、解释和评价；C是指特定情景下个体的情绪及行为的结果。根据情绪ABC理论，人的情绪不是由某一诱发性事件的本身所引起，而是由经历了这一事件的人对这一事件的解释和评价所引起的。如图4-1所示，同一情境之下（A），不同的人对诱发性事件所持的看法、解释和评价不同（B1、B2和B3），所以会得到不同结果（C1、C2和C3）。

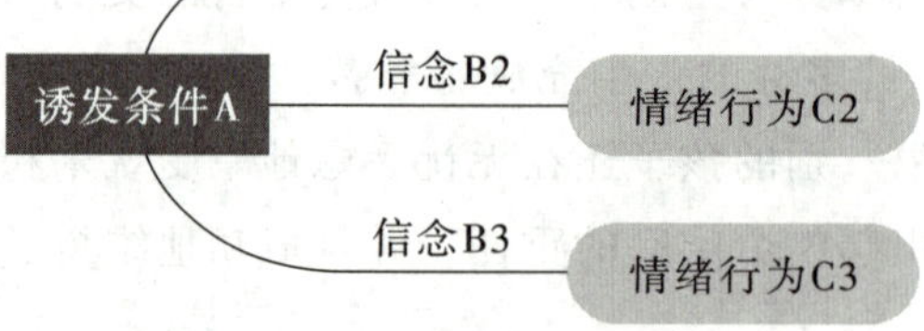

图4-1 情绪ABC理论

在日常生活和工作中，要想避免情绪失调，就应多检查一下自己的大脑，看是否存在"绝对化要求"、"过分概括化"和"糟糕至极"的不合理想法，如有，就要有意识地采用合理观念取而代之。

"绝对化要求"是指人们以自己的意愿为出发点，对某一事物怀有认为其必定会发生或不会发生的信念，它通常与"必须""应该"这类字眼连在一起。所以当某些事物的发生与其对事物的绝对化要求相悖时，他们就会受不了，感到难以接受、难以适应并陷入情绪困扰。

“过分概括化”是一种以偏概全的不合理思维方式。一方面，以自己做的某一件事或某几件事的结果来评价自己整个人、评价自己作为人的价值，如当面对失败往往会认为自己“一无是处”“一钱不值”等，这会导致自责自罪、自卑自弃的心理及焦虑和抑郁情绪的产生；另一方面，当别人稍有差错就认为他很坏、一无是处等，这会导致一味地责备他人，以致产生敌意和愤怒等情绪。

“糟糕至极”是一种认为如果一件不好的事发生了，将是非常可怕、非常糟糕，甚至是一场灾难的想法。当人们认为的“必须”和“应该”的事情并非像他们所想的那样发生时，他们就会感到无法接受这种现实，认为事情已经糟到了极点，导致个体陷入极端不良的情绪体验之中，难以自拔。

课堂活动

身在职场，往往身不由己。虽然我们无法改变职场，但可以调整自己的心态，主动适应职场。进入职场后，你知道我们会遇到哪些问题和困难吗？这些问题和困难会带给我们怎样的心理体验？我们又该如何去面对呢？

活动一　认识情绪“小怪兽”

【活动目标】

通过对在同一情景中不同反应的对比，探索我们的信念（对情境的看法、解释和评价）如何引起不同的情绪，学会识别情绪，调整情绪。

【活动材料】

台词本。

【活动过程】

1.一人旁白阐述情境，另两人分别扮演A和B，说出各自不同的台词，体现出不同的心态和反应。

情景一：上班时间你的手机响了，于是你接了一个私人电话。刚放下电话，微信提示音又响起，于是你又发了几条与工作无关的语音。邻座的同事说了一句：“你这还挺忙的啊。”你会怎么想？

A.什么意思？讽刺我工作时间办私事？这人事儿真多。

B.看来我打扰到别人了。上班时间不应该办私事，也会让人觉得我工作不认真。

情景二：中午去食堂吃饭的路上，遇到一个同事，你微笑着热情地跟他打招呼，他看了你一眼，点了下头就走开了，脸上没有太多表情。你会怎么想？

A.这人怎么这么冷漠？怪不得都说职场人际关系复杂呢。你不爱理我，我还不爱理你呢！

B.看来每个人的工作压力都很大，吃个饭都是来去匆匆，连简单聊两句的时间都没有啊。

情景三：刚参加工作，公司安排一位资深员工给你做师傅，有师傅指导工作还算顺利。1个月后，师傅出差了，领导把一项原本由师傅负责的非常重要的任务交给你去做。你会怎么想？

A.啊？怎么办？这么重要的工作，师傅又不在，万一搞砸了怎么办？

B.正好师傅不在，我试试自己学得怎么样了。能搞定当然好，不行再求助师傅也不迟。

情景四：刚到新公司，办公室有两个空位，领导安排你坐在离他比较近的座位上，其实你更看好另外一个离他比较远的座位。这时你会怎么想？

A.完了，这回惨了，一举一动都要被监视，没自由了，看来运气不咋样啊。

B.看来领导要栽培我啊！离得近，接触多，可以多观察、多学习，顺便跟他搞好关系，不错。

情景五：初入职场，本就不熟悉环境，办公软件用得也不灵光，领导却交代了一件又一件的事情。你东奔西跑，忙里忙外，连喘口气的机会都没有。这时你会怎么想？

A.这不是故意难为我吗？就不能等我适应环境以后再交代这么多任务吗？烦死了！累死了！

B.忙是忙了点，累也是真累，不过这些任务完成以后，环境基本就适应了，原本不会用的办公软件也都熟练了，值得！

2.讨论。

讨论提示：

（1）面对以上情景时，你的内心是否经历了一番思想斗争？这给我们怎样的启示？

（2）你看到“情绪小怪兽”了吗？它是什么样子的？它的存在对事情发展起着怎样的作用？

【活动总结】

情绪虽然是由刺激引发的，但情绪是否发生、发作到什么程度，则与我们对事物的想法、看法有关。每个人的内心里都住着一个“小天使”和一个“小怪兽”，它们一直在进行搏斗。在生活和工作中，当我们遇到各种各样的问题时，“小怪兽”在不断强化我们的负面评价，“小天使”则在帮助我们从积极的方面看待，关键在于，是“小天使”占上风还是“小怪兽”占上风。我们要帮助“小天使”打败“小怪兽”，因为好的心态会产生好的情绪，好的情绪会产生好的行为，好的行为会产生好的结果，好的结果又会强化好的情绪，形成一个良性循环，事情就会向好的方向发展；相反，坏的心态会形成恶性循环，使事情变得越来越糟糕。

活动结束后，请大家继续思考：

你有什么办法帮助“小天使”打败“小怪兽”吗？

如果遇到令你感到愤怒或者引起其他消极情绪的事情时，你可以尝试一下“坐空椅子”的活动。在你面前摆放两把空椅子，将一把空椅子假想成引起你情绪反应的人，你以这个人的身份坐在上面向自己提问，然后自己坐回到另一张空椅子上，尝试着回答之前的问题；再换到另一把椅子上，扮演对方回答你刚才提出的观点或意见，同时，你必须听完“对方”的解释后，才能坐到自己的椅子上，从自己的角度思考“对方”的答案，并继续提出自己的观点。在不断的角色转换和自我辩论中，就可以慢慢地理解双方冲突的原因，并可能重新接纳对方，同时也有效地调节了自己的情绪。

活动二　职场大预测

【活动目标】

结合既定主题，预测职场可能遇到的具体问题，并提出相应的解决方法。

【活动材料】

大白纸、彩笔。

【活动过程】

1.各组抽签决定讨论主题。

2.组长组织本组同学充分讨论，之后用彩笔将主题、遇到的问题和解决问题的方法记录在纸上。

第1组：主题——“找个理想的工作怎么这么难？”

可能遇到的具体问题：______________________。

如何解决这样的问题：______________________。

现在的就业形势非常严峻，我们必须正视就业难的现实，树立先就业再择业的就业观。要正确认识自我，设置合理的期望值。如果原来的理想目标和现实环境相差太大，就会产生心理落差。不管是求职还是工作，要调整好自己的期望值，既不能对自己估计过高、盲目自信，也不能过于自卑，失去发展与成功的机会。进入职场后要尽快适应环境，积累经验，提高技能，不断提升业绩，这样薪酬待遇和职场体验等都会越来越接近自己的心理预期。

第2组：主题——“职场压力大如山，我该怎么办？”

可能遇到的具体问题：____________________。

如何解决这样的问题：____________________。

激烈的竞争、繁重的工作、严格的考核淘汰等，是身在职场必须要面对的压力。面对压力首先要找压力源，即那些导致我们身心紧张的情境或事件，分析其产生的原因，然后有针对性地采取措施来应对。在各种工作压力下，人难免会有情绪低落、无精打采的时候，需要及时采取各种措施，如运动、聊天、读书、娱乐等调整好自己的情绪和心态，避免影响工作。

第3组：主题——“职场的人际关系怎么这么复杂？”

可能遇到的具体问题：____________________。

如何解决这样的问题：____________________。

职场人际关系远比校园复杂。身在职场，我们要把重心放在踏实工作、做出成绩上，适当表现自己，但不过多争名夺利，更不要主动介入职场的帮派是非。要尊重领导和同事，虚心请教，真诚相待，可以主动交往，但也要热情有度；要懂得倾听，学会赞美别人，但也要实事求是、适可而止。平时多微笑，见面热情打招呼，主动与大家一起吃饭，寻找共同的聊天话题，主动为大家做好日常服务等，都是拉近同事关系的好办法。

第4组：主题——“为什么失败的总是我？”

可能遇到的具体问题：____________________。

如何解决这样的问题：____________________。

初入职场，面对复杂的社会环境、激烈的竞争角逐，遇到挫折是难免的，要以平常心面对，要相信挫折是暂时的，自己有战胜挫折的潜力。行动是打败挫折的利器，面对挫折，我们需要冷静头脑，正确分析原因，寻求克服困难、战胜挫折的办法。我们要积极主动向领导和同事请教，通过观察、学习不断积累工作经验，多下功夫研究工作方法和技巧，早日做出成绩，更好地在职场立足。

第5组：主题——“我失业了，怎么办？”

可能遇到的具体问题：____________________。

如何解决这样的问题：____________________。

随着社会发展，我们一生的职业变化也越来越频繁，失业再就业或者主动调换工作都很正常。如果是被辞退，首先要调整好失落的情绪，不能陷入自责或自怨自艾，要客观评价自己，分析原因并加以改进，扬长避短地寻找下一份工作，开始下一段职场生活。良好的职业素养是个人在职场生存和发展的重要资本，不管职场是顺利还是坎坷，我们都要树立终身学习的意识，利用一切机会增强自己的专业能力，提高自己的职业素养，从而提升职场竞争力。

3.组长代表本组发言，阐明主题、可能遇到的具体问题和解决方法。

【活动总结】

人在职场，当面临挫折和压力时，我们要增强自律性，自觉调节和控制自己的情绪与情感，约束自己的行为，克服冲动；要磨练适应性，迅速适应外界环境和条件变化，灵活地进行自我调整、自我转换；要培养合作性，设身处地地为他人着想，善于理解、体谅对方，善于合作共事；要培养坚忍性，为达到目的，坚持不懈、不屈不挠，并能够承受挫折和失败的打击。

思考与感悟

事物都具有两面性，任何看起来很糟糕的事情，都可以找到它的正面价值。我们要学会用一分为二的观点看问题，用积极的心态去化解消极情绪，将压力转化为学习成长的动力，勇敢地将挫折踩在脚下，在职场站稳脚跟并不断地获得提升。

在日常生活、学习和工作中，我们可以尝试换个角度，用积极理性的态度看待问题，找到更好的解决方法。

1.当你总是加班加点干活，却总有干不完的活儿，还看不到任何成长和成绩时，你觉得：

2.当你并不擅长也不愿意与人打交道，却经常被安排做客户沟通和接待时，你觉得：

3.初入职场，顶头上司为人非常严厉，工作要求苛刻，人送外号“鬼见愁”，你觉得：

4.当你遇到一位无论提供怎样优质的服务，都百般挑剔、始终不满的客户时，你觉得：

5.当你被要求完成一项从来没人做过、也没有其他经验可借鉴的工作任务时，你觉得：

6.有人说压力让人绝望，而我觉得压力是________、________、________，因为压力可以：

7.有人说挫折是绊脚石，而我更愿意用这样的词来形容它：

第四节　主动提升必成功

现实生活中，有人把职业当成养家糊口的手段，勉强维持而已；也有人把职业当成事业来经营，不断拓展职业的发展空间，为自己创造更美好的生活。生活从不眷顾因循守旧、满足现状者，从不等待不思进取、坐享其成者，而是将更多机遇留给有所准备并勇于奋斗的人们。在本节中，大家需要一起完成以下任务：

1.了解职业素养及其重要性，梳理提高职业素养的方法。

2.认识心理健康对求职就业和职业发展的影响。

3.明确为何要终身学习以及如何终身学习。

4.树立终身学习意识，主动增强学习能力。

案例导入

一座城市为他悲伤，近百辆出租车免费载客护送他的灵车，数千人参加他的追悼会，数万市民自发伫立街头为他送行，数百万网民为他点亮“蜡烛”，他的名字传遍大江南北。他就是剧痛中书写职业忠诚的“最美司机”吴斌，感动中国的“平民英雄”。吴斌牺牲后，被批准为革命烈士，追认为杭州市道德模范、浙江省劳动模范、交通运输部爱岗敬业驾驶员楷模、全国劳动模范，并被追授“全国五一劳动奖章”。

2012年5月29日，杭州长运客运二公司司机吴斌在高速路上驾驶大客车途中，被打破前窗飞来的重达3.55千克的铁块击中腹部，三根肋骨撞断，肝脏击碎，肺、肠挫伤。在遭遇飞来横祸、身受重伤的生死时刻，吴斌用生命履行职责，保护了车上24名乘客以及高速路上更多人的安全。被击中的一瞬间，吴斌本能地用右手捂了一下腹部，但他强忍剧痛，没有紧急刹车或猛打方向盘，而是换挡刹车、缓缓减速、拉起手刹，还不忘开启双闪灯，提醒后方车辆。完成了一连串规范动作安全停车后，他又以惊人的毅力打开车门疏散乘客。他昏迷前说的最后一句话是嘱咐乘客：“别乱跑，注意安全，站在路边。”一位主持人在看完车载摄像机录下的出事视频后，哽咽着说：“这是一部76秒的大片。这不同于好莱坞大片，好莱坞大片用的是特技，在这部大片中我看到的是吴斌的血肉之躯。都说这是一个告别英雄的时代，其实这是一个英雄辈出的时代。”

处理现场的交警说：“大客车刹车拖印是笔直的，而且非常均匀。”吴斌的搭班司机说：“吴斌开车很稳，他常说的一句话是‘安全到达第一’。”公司生产科科长说：“吴斌加班加点，从没有怨言，主动要求工作任务，并且都能出色完成。”公司安全科科长说：“吴斌到了单位就捣鼓他的车，把轮胎里的小石头撬掉，摸摸车上零件有没有异样，连发动机都要擦得很亮。一般车子有小毛病，司机把维修单提交一下就走了。但吴斌不放心，他把维修单直接给维修工，看着他把毛病处理好才走。”

每次出车前，吴斌都会十分仔细地检查车子，回来后又会细心地把车子擦洗一遍，车厢内外保持得干干净净。他的同事说：“吴斌开车10年，从没有一次因为发动机或车厢整洁问题被扣分。”吴斌爱锻炼，下班后常和妻子围着西湖散步，一有时间就做俯卧撑、举哑铃。抢救吴斌的医生说：“腹部遭铁块击中，吴斌还能做出停车的一系列动作，这和他长期健身、身体素质好有很大关系。”

在家人眼里，吴斌是孝顺父母的好儿子、妻子依恋的好丈夫、孩子想念的好爸爸。在社区居民看来，他是好邻居、好兄弟。在领导及同事记忆中，吴斌是最早上班和最晚下班的人，10年来安全行驶100多万千米，做到了零事故、零投诉。他的公司经理说：“关键时刻，吴斌体现了一名驾驶员过硬的职业素养。”党委书记说：“在生命的最后76秒，他体现出了极高的职业素养。”网民评论说：“只有当敬业成了习惯、深入骨髓，才有可能在生命的最后瞬间爆发出超出想象的能量。”

每一个岗位都有针对从业者的基本要求，每一个从业者都要对所从事的职业有一份热爱，尽力把分内的事情做好。“最美司机”不是一天炼成的、是一贯的责任意识、自觉的敬业奉献、铭心的安全第一、长年的岗位坚守、过硬的专业技术、强健的个人体质、广博的人间大爱，让他能在突然受伤、情势危急的极端状态下，火山爆发式地集中表现出过硬的职业素养。

知识链接

用人单位招聘时，要求从业者具有符合职业岗位需要的综合职业品质，即职业素养。

职业素养是从业者在职业活动中表现出来、德智体美劳有机融合的综合品质，主要呈现为从业者遵循职业内在要求，在个人世界观、人生观和价值观及具有的专业知识、技能基础上表现出来的作风和行为习惯。“德”是灵魂，是从业者“做人”的方向、标准和动力；智是主体，是“做事”的能力，即职业能力；体是基础，从业者必须具有符合职业要求的特有职业体能；“美”是升华，即能具有符合职业要求的职业审美感及相应的行为；“劳”是职业素养的载体，劳动观念、劳动态度、劳动习惯、劳动能力、劳动体能、劳动情感是从业者的德智体美在职业活动中的具体行为的落实。德智体美劳，相互联系，相互融合，相互促进。

职业素养并非与生俱来，而是在职业活动或目标明确的训练中形成的。简言之，职业素养是可训练的作风和行为习惯。终身学习是提升职业素养、确保职业生涯可持续发展的必要条件。终身学习是指当前社会每个成员为适应社会发展和实现个体发展的需要，贯穿于人一生的、持续的学习过程，即我们常说的“活到老，学到老”。终身学习具有终身性、全民性、广泛性、灵活性与实用性等特点。终身学习不仅为职业生涯可持续发展更新知识、技能，使我们获得更大的发展空间，满足我们的生存和发展需要，而且能让我们个人得到全面发展，充实精神，提升生活品质。

课堂活动

职业意识、职业态度、职业道德、职业技能等被统称为职业素养，职业素养的高低不仅影响首次就业的成功与否，也影响和决定着从业者一生的就业质量。用人单位到底需要什么素质的员工？我们该从哪些方面做好准备？如何才能在职场立足并获得长远的发展？这些都是需要我们认真思考的问题。

活动一 做职场的幸运儿

事先设计和制作好以下文字卡片（如图4-2所示，可根据所学专业特点和需要更改卡片内容），另需空白卡片4张。

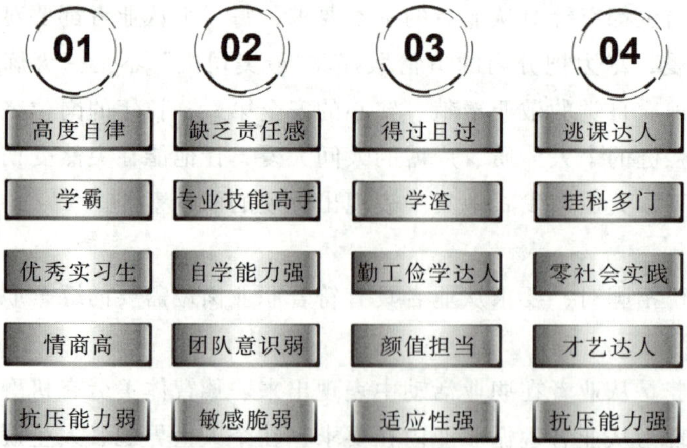

图4-2 文字卡片样式

【活动目标】

了解首次就业岗位的用人标准，找出自己的差距，梳理在校期间提升职业素养的具体方法。

【活动材料】

文字卡片、空白卡片、标有“1、2、3、4”的号牌4套、两面胶。

【活动过程】

1.分组。共分4组，每组代表一家用人单位。

2.分组讨论。各组结合本单位的用人需求，讨论设定怎样的用人标准。注意：进行此活动时，应根据所学专业设定相应的用人单位和首次就业岗位。

3.模拟招聘。

（1）选出4名同学充当求职者。每名求职者在文字卡片中随意抽取1套（5张）。

（2）第一轮面试：应试者将所选卡片粘贴在身上并上台展示，各组商讨聘用几号应试者并举牌（也可不选），并说明理由。

（3）求职者下台后互换1张卡片（也可不换），去掉一张卡片，并根据自己需要填写1张空白卡片。

（4）第二轮面试：应试者将5张卡片粘贴在身上上台展示；各组商讨聘用几号应试者并举牌（也可不选），并说明理由。

4.讨论。

讨论提示：

（1）拿到哪几种卡片的人最受用人单位欢迎？据此梳理出本专业首次就业岗位的用人标准。

（2）用人单位对求职者的心理素质有何具体要求？为什么？

（3）4名求职者分别说一说活动中自己的感受和体会。

（4）对照本专业首次就业岗位的用人标准，查看自己是否具备职业素养，思考应该如何提高职业素养。

【活动总结】

用人单位需要的是“德智体美劳”全面发展的高素质劳动者和技能型人才，因而招聘时不是只看技能强弱，而是更多关注从业者是否具有符合职业岗位需要的综合职业品质，即职业素养。这些文字卡片从不同的角度反映了求职者所具备的职业素养，同时也提示我们从哪些方面提升自己的职业素养。中职生在校期间要有意识地结合自己所学专业对应的行业职业素养、岗位职业素养，目标明确地强化学习和训练，为职业生涯的可持续发展奠定基础。

通过活动不难看出，不同用人单位和不同岗位的用人标准不尽相同，但都普遍比较关注劳动者的心理健康状况。按照世界卫生组织的定义，健康是一种身体上、精神上和社会适应上的完好状态，也就是说，健康包括躯体健康和心理健康两部分，两者密切相关，缺一不可。一个人的生理、心理与社会处于相互协调的和谐状态，是适应职场、做好工作、发展职业生涯的前提条件。这种和谐状态需要满足如下特征：智力正常，情绪稳定与愉快，有良好的人际关系，良好的适应能力、内省能力。我们可以对照这些特征了解一下自己的健康情况，在实践中不断磨练，有针对性地进行调试，以健康的身心投入职场，助力我们的职业生涯发展。

在日常学习和生活中养成良好习惯，是提高职业素养的重要途径。中职生在校期间，除了知识、技能的学习之外，更要增强学习能力、掌握学习方法，养成爱学习、会学习的习惯，这是职业生涯可持续发展的重要保证。当然，仅有良好的学习习惯还不够，还需养成遵守纪律、注重安全、文明礼貌的习惯，这样进入工作岗位后就能很快适应职业纪律的要求，并遵守职业道德规范。

活动二　头脑风暴——我们该如何“终身学习”？

关于终身学习问题，有的同学持以下观点：

观点1：我读的是中职，又不是高中，也不考大学，成绩好坏并不重要，学不学都无所谓。

观点2：中职毕业就工作，工作单位学校推荐，工作内容也很简单，不需要再学了。

观点3：工作都找到了，收入也还可以，我挺满意的，就不用再学习了。

观点4：工作岗位那么多，这个做不了做那个，总之有一个活儿干就是了，学不学没什么关系。

……

你如何看待以上观点？我们该如何看待终身学习呢？

【活动目标】

通过讨论了解终身学习的必要性和重要性，树立终身学习的意识，明确如何学习。

【活动材料】

黑板、粉笔、彩笔。

【活动过程】

1.明确讨论范围。

Why——为什么要学习？

Who——谁学？

What——学什么？

When——什么时候学？

Where——在哪学？

How——怎么学？

2.明确规则。

提倡任意想象，尽量发挥，自由发言，畅所欲言；活动过程中不对他人观点做任何评价，以免引起讨论或者影响他人情绪，不利于思路的延续；观点不论大小，都要认真地记录下来，以量求质；每个人都要通过他人的想法激励自己，从中得到启示，或补充他人的想法，或将他人的若干想法综合起来提出新的想法等。

3.设主持人1名，主持人只主持讨论，维持纪律，对观点不做评论。设记录员1~2人，将每名同学的每一次发言都记录下来，不论好坏。

4.头脑风暴后，教师组织学生对所有的想法进行梳理，以图4-3所示的形式提炼出最终观点，呈现在黑板上。

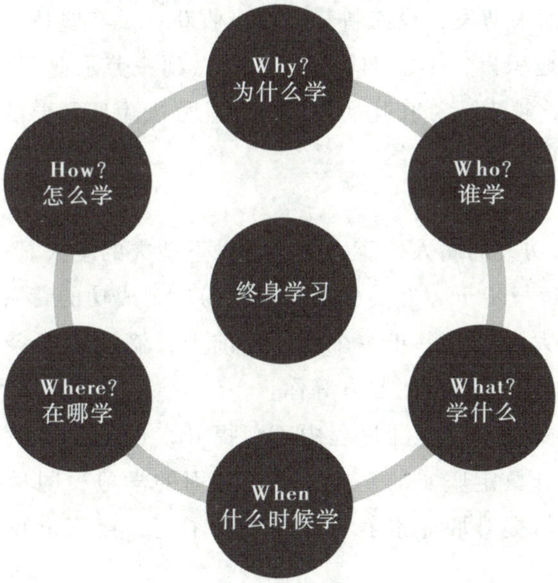

图4-3 如何终身学习

【活动总结】

古人云："吾生也有涯，而知也无涯。"科技进步、社会发展推动的职业演变，经济社会发展对劳动者全面协调发展要求的提高，劳动者岗位的变换、提升以及对生活和自我实现要求的不断提高等，都要求我们树立终身学习的意识。每个人的学习都不应随在校学习的结束而结束，而应该贯穿“从摇篮到坟墓的生命全过程”。我们可以根据自己的特点和需要选择任何时间、任何地点、任何内容、任何形式的学习。

学习能力是我们唯一可以随身携带，终身享用不尽的财富，不仅影响就业和再就业，更影响就业质量和职业生涯的可持续发展。在职业学校学习，我们不仅要学会知识、练好技能、提升职业素养，更要学会学习。在日常生活、职业活动和社会实践中，我们要做到善观察、勤思考、多读书、敢设疑、勇请教、巧提炼，养成主动学习的习惯、不断探索的习惯、自我更新的习惯、学以致用的习惯。

活动结束后，请大家继续思考：

在学习的过程中，我们需要注意哪些问题呢？

所谓终身学习，并不意味着盲目地什么都学，而是根据自己的实际需要确定某一具体目标，在此基础上拓宽学习、加深学习、持续学习。真正笑到最后的人，都是在某个领域内坚定地学习和打磨的人。

没有厚积，何来薄发；没有耕耘，哪有收获；没有坚持，就不会成功。学习重在长年累月地积累，不能期待也不可能做到一劳永逸。要相信：越学习，越努力，越坚持，越幸运。扎扎实实地做好扎根人生所需要的储备，相信一定会登上人生巅峰！

思考与感悟

“圣人是肯做功夫的庸人，庸人是不肯做下功夫的圣人。”同学们有着大好机遇，关键是要迈稳步子、夯实根基、久久为功，成功的背后，永远是艰辛努力。把小事当作大事干，一步一个脚印往前走，滴水可以穿石，只要坚韧不拔、百折不挠，成功就一定在前方等你。

职业素养需要在职业生涯过程中不断提升，也需要中职生在校期间为职业素养的不断提升奠定坚实的基础。通过前面的学习，同学们已经对什么是职业素养以及如何提升职业素养有了一定的了解，接下来我们一起完成以下工作：

1.提升职业素养要经过下面这些过程，请按照自己的实际情况填写：

（1）确定目标，即我们所要追求和努力的方向。

我的目标：

（2）将现在的自己和目标进行比对，找出差距。

我的差距：

（3）制订计划，填补这些差异，明确具体的操作措施。

我的计划和具体措施：

（4）将计划付诸实践。

2.关于学习

（1）在校期间我们要学什么？

（2）就业之后我们要学什么？

（3）请用“学习”组词，梳理我们该如何学习。

________学习、________学习、________学习、________学习、

________学习、________学习、________学习、________学习。

第五章　生命教育篇

第一节　探寻生命的意义

第二节　绽放生命的精彩

第五章 生命教育篇

第一节

探寻生命的意义

生命是一场诚挚的邀约，你我翩然而至。生命的意义是什么？生命就是一个人赤裸裸地来到这个世界体验生活的全过程。生命是灿烂的，是美丽的；生命也是脆弱的，是短暂的。这个过程是否精彩，是否有意义，是否有价值，取决于你对生命的认知和生活的态度。在本节中，大家需要一起完成以下任务：

1.了解生命的本质及其价值；

2.理解自己和别人的生命权利；

3.学会关心他人、尊重他人；

4.增强生命自我保护能力；

5.学会拥有一种积极健康的生活方式。

案例导入

感动世界的天使：邰丽华

邰丽华——中国残疾人艺术团的舞蹈演员、中国特殊艺术协会副主席。这位两耳失聪的女孩给人第一感觉是透明、纯净，长期的无声世界使她拥有这种正常人无法拥有的平静心，但她用生命演绎的舞蹈感动了国人。

直到五岁，邰丽华才知道自己的世界与别的小朋友的不一样；同龄人可以用“听声辨人”做游戏，可她与真实的世界隔着一幢无声的高墙，她只好用泪水化解无助与尴尬；别的小朋友可以升入正常的小学，而她只能进聋哑学校，在一片孤寂的世界里生活。聋哑学校的律动课是为了让学生通过震颤感受到节奏的变化。当老师将木地板上的响鼓踏得咚咚响时，一种奇怪而自然的有节奏的振动刹那间传遍邰丽华的全身，她感到一种从未有过的对另一个世界新奇的感知，她激动着、兴奋着，眸子闪亮，小脸通红，她感觉到这个世界从未有过的美好，她对老师用三个手势表示：“我……….喜……….欢”。

2015年3月，在波兰，一支《雀之灵》舞动了全场观众的心。当他们知道邰丽华听不到自己的掌声时，流下了伤心的泪。

邰丽华先后出访过20多个国家和地区，在国内外演出数百场，以其“孔雀般的美丽、高洁与轻灵”征服了不同肤色的观众。2015年，中央电视台春节联欢晚会上她作为领舞的群舞——千手观音，让几亿中国人在热闹的气氛中沉思、感动。“其实所有人的人生都是一样的，有圆有缺、有满有空，这是你不能选择的。但你可以选择看人生的角度，多看看人生的圆满，然后带着一颗快乐感恩的心去面对人生的不圆满——这就是我所领悟的生活真谛。”绚烂之极，归于平淡，平淡若水的“孔雀仙子”“观音姐姐”仍在孜孜以求地跳着人生这出大舞。虽然没有音乐，但是她用自己的心去伴奏。生命的旋律在起舞，生命之火在燃烧，使邰丽华重新认识她存在的意义，她觉得自己注定一生要用舞蹈和心中的音乐去膜拜生命，对世界充满了感恩和感激。

知识链接

弗兰克尔意义治疗理论认为：追求意义的意志是人最深处、最本质的内在力量，人们可以通过创造、体验来获得生命的意义。即使是面对苦难或挫折时，也可以有选择态度的意志自由。

生命意义获得的基本途径如下：

1.创造性价值。此即通过个人向世界提供某种创造物的方法，来发现并实现人存在的创造价值，表现在通过工作的成就感来体验我们个体生命的独特性和不可替代性，以此强化生命的意义。工作是个人与社会发生联系的重要领域，工作的意义和价值总是与对社会的贡献相联系的，因此，在通过自己的创造性工作实现生命的价值和意义的同时，也为社会做出了应有的贡献。我们可以通过学习使自己具备社会和工作的技能，为将来的创造性工作做积累和准备。

2.经验性价值。此即体验那种丰富和提高人类经验的价值，例如展示自然、艺术之美，人性的完美和爱。一方面是对大自然、艺术和社会中的美的欣赏，比如，欣赏一束美丽的鲜花或观赏令人兴奋的日出都能使人体验到生命的乐观与意义。我们可以通过学习了解到古今中外的各种经验，体验真、善、美的自然和社会事物，从而感悟到生活的美好。另一方面是体验到爱的价值。每个人应能够体验到他人所付出的爱，家人、朋友甚或是陌生人的关爱都可以提供社会支持，可以体验到生活的意义。

3.态度性价值。对命运的选择完全取决于人的精神态度，即使是面对无法抗拒的命运力量时，人们仍然可以选择自己的态度和立场。弗兰克尔特别喜欢引用尼采的一句话：“懂得‘为何’而活的人，差不多任何痛苦都忍受得住。”虽然痛苦不是人所追求的，但每个人的生活中都必然存在痛苦，从痛苦中人们可以发现生命的最深刻的意义，即苦难的意义。在“5·12”四川大地震的特大灾难面前，灾区人民表现出的顽强的求生意志力和坚强的品质就很好地诠释了苦难的意义。学习往往也不是一件轻松的事，而且会遇到很多挫折。这种磨练和挫折其实对每个同学来说都是有价值的，也是能使自己变得坚强、乐观的成长经历。

课堂活动

活动一　我从哪里来

【活动目标】

引导学生感到生命的来之不易，培养学生热爱父母、珍爱生命的情感。

【活动材料】

以“我从哪里来”作为主题，采用多种形式，搜集整理资料。

【活动过程】

教师谈话导入，引导大家共同探讨一下“我从哪里来”这个主题。

学生展示收集的资料分享给大家，感受生命来之不易。学生展示后，教师补充说明。师生共同交流研讨，大家各抒己见。从展示和讨论分享中懂得了我们的生命来之不易，因此我们要珍爱自己、欣赏自己。不过在我们成长的同时，不能忘记我们的父母，尤其是妈妈。她在孕育我们时的辛苦，是无法用言语来形容的。

做一个体验游戏：“我做5分钟的妈妈。”同学们的书包有几千克重，和妈妈怀孕时增加的体重差不多，把书包当作妈妈怀孕时的你，放在身体前面，一起跟老师来做几个日常生活中的动作。注意体会做动作时的感受，还要保护身前你的“宝宝”。学生在老师指导下做动作（坐着吃饭、伸手够东西、低头看脚尖、抬腿上楼梯、弯腰捡东西、弯腰穿鞋并系鞋带），根据感受谈体会。

通过游戏体验感受母亲的辛苦。想一想，妈妈在孕育我们的这十个月中，有多少个5分钟？这十个月中，妈妈会呕吐、经常感到疲劳，负担会随着你的长大一天天加重。但是妈妈毫无怨言，即使再辛苦，也是幸福的！此时此刻，你一定有很多话要说给妈妈听吧！那就大声地说出来吧！

教师引导学生说心声。

【活动总结】

我们要感激父母给了我们生命，同时我们更要珍爱我们的生命。把你最真挚的话语写在卡片上，在爸爸妈妈生日那天作为礼物送给父母。

活动二　世界因生命而精彩

【活动目标】

把握好生命中的每个阶段，乐观进取、奋勇直前、充实人生，使我们的生命如夏花之绚烂。

【活动材料】

（1）搜集预备有关生命教育的资料。可从网站上下载，或者报纸新闻中选取。

（2）每位同学谈谈自己对生命的理解及身边发生的故事。

【活动过程】

教师提前准备几首安静舒适的轻音乐在班级播放，可以循环播放，播放音量不宜过大。

大家一起来聆听同学带来的关于“喜爱生命”的诗配乐朗诵。

从这首诗中我们感受到了生命的珍贵，纵使遭受再大的苦难，我们都应当英勇地活下去。那么喜爱生命是不是仅仅指活下去呢？答案毋庸置疑是否定的，那么怎样才算是真正地喜爱生命呢？在你遇到挫折困难时，是如何面对的？同学们可以积极举发表自己的看法。

同学分享各自在网上查找的案例，试分析当今青少年对待生命的态度如何。

师生一起畅谈未来美好的人生。

【活动总结】

每一个生命都是独一无二的，如绽放的花朵，所以每一朵花都不应当拒绝开放。一个人活着，他的生命就不再是一个人的全部，因我们的生命是父母赐予的。爱护好自己的生命，以便让其他的生命更好地活着。在我们的成长道路上，不可能永久是一帆风顺的，也可能布满坎坷。但我们不埋怨、不气馁，要坚持不懈、努力进取，享受这样的过程，是这些经历让我们变得更加成熟。

活动三　把握生命中的每一天

【活动目标】

通过活动引导学生感悟生命的可贵，萌发要珍惜现在、珍惜生命中所拥有的一切的想法。让学生意识到要着眼于当下，合理安排好生命中的每一天。

【活动材料】

剪辑《生命日记》视频；制作教学用的课件以及课堂需用到的材料，包括生命之树的制作、生命之叶便签纸。

【活动过程】

让学生反思一下，在平时的生活中，你有没有很好地正视过自己的生命？引导大家一起来认识我们的生命，来思考如何才能把握好生命中的每一天。播放视频《生命日记》（一段新闻视频），教师提问。于娟给世人留下了一部充满遗憾但无法更改的生命日记，她用自己年轻的生命向世人传递着生命的真实。于娟走了，可她带给世人的思考永远也不会停止。从她的生命日记可以看出她对生命的认识体现在哪些方面？请用一句话来概括。学生根据自己的感受回答，教师结合学生的回答进行引导。教师尝试与学生交流自己最想做的10件事情，选择几个自愿的学生在全班交流。教师根据学生交流情况作小结。引导学生在生命最美好的花季，种下属于每个人的生命之树，激励未来的人生。

【活动总结】

不管我们以前的日子美好也好、痛苦也好，充实也好、无聊也好，轻松也好、忙碌也好，今天以前的日子已经从我们的生命中被划掉了，那么就让我们活在当下。从你最想做的10件事情开始，好好珍惜生命、珍惜未来，把握好生命中的每一天。

思考与感悟

生命是盛开的花朵，绽放得美丽舒展、绚烂多姿；生命是精美的小诗，清新流畅、意蕴悠长；生命是优美的乐曲，音律和谐、婉转悠扬；生命是流淌的江河，奔流不息、滚滚向前。生命就是这样，你可能无法解读，但你却拥有，你会尽力使它丰富，使它完美，用自己的青春与热血去擦亮，去点燃。每一步前行的脚步都是生命的轨迹，每一分的耕耘都是为了生命的一次进取。生命虽短暂，但却能铸就永恒；生命虽平凡，却能孕育伟大；生命虽脆弱，却能成就坚毅。

第二节

绽放生命的精彩

胡适曾说：“人生的意义不在于何以有生，而在于自己怎么生活。你若发愤振作起来，决心去寻求生命的意义，去创造自己的生命的意义，那么你活一日便有一日的意义……生命无穷，生命的意义也无穷了。生命本没有意义，你要能给他什么意义，他就有什么意义。与其终日冥想人生有何意义，不如试用此做点有意义的事？”在本节中，需要大家一起完成以下任务：

1.知道人为什么活着。

2.理解怎样的一生是值得过的。

3.理解发现绽放生命精彩的内容。

案例导入

东方维纳斯：杨佩

24岁的无臂女孩杨佩在《中国梦想秀》节目中，用双脚穿针引线，展示了用脚绣“十字绣”的绝技，震撼了全场，也感动了全国，最终实现了开办一家十字绣店的梦想。杨佩在9岁那年因为不懂事触碰高压线而失去了双臂，平静的童年生活戛然而止，她不能再像同龄伙伴一样过正常人的生活了。截肢对于还没开启自己绚丽人生的她来说，太残忍、太狠毒，这意味着求学生涯的结束和凄苦生活的开始。但乐观向上的杨佩并没有向命运屈服，经常用张海迪、郜丽华的事迹激励自己，要自立、自强、自信。15年来，她一直学习笑着活下去。失去双手的她，经历了常人无法想象的艰辛，努力地用好自己的双脚。她可以用脚吃饭、打电话、发短信、穿衣服、做饭、扎头发……没有双臂，她一样可以用脚独立地生活。

为了减轻家庭的负担，她曾经一次次地去找工作，但是一次次遭到拒绝。无奈之下，她用灿烂的笑容在火车站乞讨，感动过很多旅客。当有人问她：你失去了双臂，为什么还能笑得如此灿烂。她的回答是：我想把我的快乐传递给我身边的人，我想用我的乐观感染那些悲观的人。阳光乐观的女孩杨佩，被喻为中国的“断臂维纳斯”！从杨佩的身上，展现出了青春的美丽，展示出了生命的跃动，让人们体会到了什么是坚强和乐观。

知识链接

美国心理学家克里斯蒂安·亚当斯提出的“挫折理论”被认为是一种新的和有价值的理论，它是在18世纪晚期英国心理学家弗雷德里·克塞克斯的理论基础上发展起来的。根据亚当斯的观点，挫折是人们在尝试达到目标时遇到的问题。这种问题会威胁或阻碍人们实现自己的目标。这种理论认为，挫折可以诱发一系列负面情绪，包括沮丧、失望、焦虑等，这些情绪会对人们的行为产生影响。

亚当斯认为，挫折是开放系统中所涉及的因素之一，它可以影响个体的情绪和行为。开放系统是一种概念，指的是个体有能力从外部环境中获取信息、反馈、判断和动态调整自身行为以适应变化的环境。挫折的存在会限制个体的能力，从而引发一系列特定的情绪和行为的发生，因此，挫折可以被认为是一种开放系统的限制。

挫折可以增强个人的学习积极性，激发探索和创新思维；挫折会提醒个人不能完全依赖记忆，也不能只停留在已知的常规范畴中，而必须探索新的方式来解决问题，进行创新；挫折可以促进跨文化学习，消除个人偏见，以利于全面、系统和有效的学习。

挫折可以增强个体的自我调节能力，因为挫折会使个体的动机受到激励，促使其更有效地完成目标。挫折还可以激发人们克服困难、寻求有效的解决方案，持久地投入努力。在挑战和失败面前，人们会努力去面对和克服，从而锻炼自己的能力，以实现目标。

在亚当斯的理论中，他认为挫折可以同时发挥积极的和消极的作用，并且受到环境因素的影响，这些环境因素包括个体内在和外在的因素。因此，对于获得有效的情绪和行为反应，人们必须将内在的和外在的因素结合起来考虑，以更有效地处理挫折，实现自己的目标。

亚当斯的挫折理论是一种有价值的理论，它提供了一种新的视角，用来解释和处理挫折，促进个体情绪和行为的健康发展。如果正确地理解和处理挫折，就可以在学习和技能发展的过程中发挥积极作用，帮助我们实现自己的目标，促进健康发展。

课堂活动

活动一 活出生命的精彩

【活动目标】

懂得人们对待生命的不同态度影响生命的质量；能够积极进取，自觉充盈自己的生命学。

会关爱自己、关爱他人；学会在平凡的生活中书写自己的价值，在平凡中创造伟大。

【活动材料】

教师准备：搜集关于精彩活着、持不同生活态度对待不同人生、冷漠与关怀、平凡中创造伟大、感动中国人物等典型视频、图片及故事，制作课件。

学生准备：搜集不同生活态度影响生活质量的事例；积极进取精彩活着的故事及消极悲观活着的故事；伟大人物的故事。

【活动过程】

观看图片和视频，播放《刘伟：身残志坚 “钢琴家”双腿也能演奏梦想》的视频。教师：同学们，看了视频后你震撼了吗？你被什么震撼了？学生交流。教师根据学生回答导入新课：一个失去双臂的人却能精彩地活着，这让我们震撼，也让我们惭愧。我们该怎样活着？怎样活出生命的精彩？请同学们带着学习目标中的问题及要求，自主探究问题，勾画知识要点，做好标注。

看视频，谈感悟。教师播放视频《一梦两三年——不要因为生活的颓废把梦想憋死在心中》。引导：为什么同一所大学的学生最后却有着不同的结局？这说明了什么？学生交流，发表看法。

教师出示：每个生命都会在生活中展现千姿百态。人们对待生活的不同态度，会影响生命的质量。

教师引导：崔文佳有着怎样的生活态度？这种人生态度对他的人生产生了什么影响？

那两个天天上自习、认真学习的学生有着怎样的生活态度？这样的人生态度对他们产生了什么影响？这说明了什么道理？

教师引导：说说自己最快乐、最精彩的时光或说说自己最灰暗、最空虚的时光。也可以讲一讲名人伟人、身边人积极对待人生、精彩活着的故事或消极对待人生、蹉跎岁月的故事。

教师播放音频《断臂钢琴家刘伟》。引导：刘伟积极进取、不断挑战人生、精彩活着的经历，对我们有什么启示？学生听刘伟的经历，谈感想与启示。

【活动总结】

人生是一个积累知识的过程。只有不断学习，乐于实践，不断去尝试各种活动、各种体验，才能逐渐丰富自己的人生经验和人生感悟，活出人生的精彩。当我们敞开自己的胸怀，不断尝试与他人、与社会、与自然建立联系后，生命中的道德体验就会不断丰富，对生命的感受力、理解力就会不断增强。

活动二　感知生命的美好

【活动目标】

每个人都应该以积极、乐观的心态正确对待生命中的残缺，完善对生命的认知，积极、努力地解决成长过程中遇到的问题，让生命之花更加绚丽多姿。

【活动材料】

准备绿色卡纸，收集记录自己的烦恼。

【活动过程】

课前热身：《拍拍操》。

游戏“鸡蛋变凤凰”，感知生命成长过程中的挫折。

游戏规则：进行“石头剪刀布”游戏，三局两胜。游戏分为三个回合：第一回合，小组内俩俩猜拳，赢者进化为小鸡；第二回合，小鸡和小鸡比赛，赢者进化为大鸡；第三回合，大鸡和大鸡继续对垒，赢者进化为凤凰。学生分享游戏感受。

请学生4人一组，由教师引导，学生展开想象开始讨论。小组内互相倾诉自己成长过程中一件烦恼事，同学间献策化解，并用所学知识给予心理辅导：怎样面对挫折；怎样减轻挫折给我们带来的伤害。

教师点评每个小组的好点子，指出：学生中独生子女多，从小在父母的羽翼下生活，很少遭受挫折，即使遭受挫折也是轻微的。为了面对今后人生中巨大的挫折，青少年应该培养独立意识，具备越挫越勇的精神。谁有多大承受挫折的能力，谁就有多大成功的机会。

放声齐唱《怒放的生命》。

【活动总结】

培养学生运用知识的能力，使学生学会用心理学知识给自己和他人减压，摆脱困境，避免发生一些不必要的损失和伤害。学生通过讲述自己的亲身经历，剖析自己是积极还是消极面对挫折，分析两种方式给自身带来哪些影响，掌握应对挫折的技巧。教师要积极面对学生的挫折并给支招儿，达到学以致用的效果。

思考与感悟

一位屡屡失意的年轻人请教一位得道高僧。高僧明白他的来意后，便在他的面前放了两只装满了茶叶的杯子。他用温开水冲了一杯，让年轻人喝。年轻人细细地喝了几口，发现一点香味也没有。高僧又用沸水冲了另一杯，但没冲满，只见茶叶在杯子里上上下下地沉浮着。一会儿，一丝细微的清香便缓缓地从杯中溢出来。接着高僧又往杯里加了点沸水，一共加了3次水，里面的茶叶一次比一次沉浮得厉害。年轻人闻到的是沁人心脾的芳香。他细细地品味了一会儿，满意地点了点头，说一切全都明白了。

人生就犹如品味一壶茶叶，只有在艰难险阻中沉浮，在痛苦辛酸中磨砺，才能真真实实地体味到生活的原味和魅力。在一次次的沉浮与磨砺中，生命便会变得光彩照人、芳香四溢。生命的意义在于对自我的肯定，努力绽放生命的精彩，畅享属于自己的绚丽人生。

主要参考文献

[1]〔西汉〕司马迁. 史记［M］. 李瀚文，编. 北京：北京联合出版公司，2016.

[2] 卡耐基. 卡耐基人际交往心理学［M］. 张然，译. 北京：中国国际广播出版社，2017.

[3] 李良忠，宋倩. 乒坛皇后邓亚萍［M］. 北京：经济日报出版社，2008.

[4] 陈忞. 学生心理健康与社会适应［M］. 2版. 北京：教育科学出版社，2015.

[5] 蒋乃平. 职业生涯规划［M］. 北京：高等教育出版社. 2020.

[6] 李晓凡. 心理健康活动课学生手册［M］. 北京：高等教育出版社. 2016.

[7] 俞国良. 心理健康［M］. 北京：高等教育出版社. 2020.

[8] 杨俭修，杜元刚. 职业素养提升［M］. 北京：高等教育出版社. 2011.

[9] 谭德礼，江传月，谢华汉. 大学生心理健康教育教程［M］. 北京：高等教育出版社. 2018.

[10] 俞国良，文书锋. 心理健康教育案例集［M］. 北京：高等教育出版社. 2009.

[11] 白梦帆. 中职生的彩虹人生：兴趣点燃梦想 执著磨砺“工匠精神”［EB/OL］.［2016-12-22］. http：//news. youth. cn/wztt/201612/t20161222_8972149.htm.

[12] 叶亦乾，何存道，梁宁建. 普通心理学［M］. 6版. 上海：华东师范大学出版社，2016.

[13] 彭聃龄. 普通心理学［M］. 4版. 北京：北京师范大学出版社，2016.

[14] 麦克莱门特. 闪亮人生 驾驭自信：轻松开启成功人生［M］.

麦晓昕，译．北京：北京师范大学出版社，2014.
[15] 卡罗尔．青少年小组游戏治疗师手册［M］．刘梦，冯杰，朱凯，译．北京：中国人民大学出版社，2007.
[16] 白羽．改变心力：团体心理训练与潜能激发［M］．杭州：浙江文艺出版社，2006.
[17] 金树人．生涯咨询与辅导［M］．北京：高等教育出版社，2007.
[18] 熊丙奇．高中生职业生涯规划八法［M］．上海：华东师范大学出版社，2010.
[19] 弗兰克尔．活出意义来［M］．赵可式，等译．北京：三联书店，1998.
[20] 方双虎．弗兰克尔意义治疗理论及其在学习动机辅导中的应用［J］．江西教育科研，2007（4）.